国家自然科学基金项目“农产品营销中心理契约治理机制对渠道绩效影响机理研究——基于江西省龙头企业与农户合作的追踪调研”（项目批准号：71162011）资助

Research on Governance Mechanism of the Psychological Contracts between Leading Enterprises and Farmers

蔡文著◎著

龙头企业与农户心理契约治理机制研究

经济管理出版社
ECONOMY & MANAGEMENT PUBLISHING HOUSE

图书在版编目（CIP）数据

龙头企业与农户心理契约治理机制研究/蔡文著著．—北京：经济管理出版社，2016.12
ISBN 978 - 7 - 5096 - 4271 - 9

Ⅰ.①龙…　Ⅱ.①蔡…　Ⅲ.①农业企业—龙头企业—关系—农户—管理心理学—研究—中国　Ⅳ.①F324　②F325.15

中国版本图书馆 CIP 数据核字(2016)第 037680 号

组稿编辑：杜　菲
责任编辑：杜　菲
责任印制：司东翔
责任校对：王淑卿

出版发行：经济管理出版社
（北京市海淀区北蜂窝 8 号中雅大厦 A 座 11 层　100038）
网　　址：www. E - mp. com. cn
电　　话：（010）51915602
印　　刷：北京九州迅驰传媒文化有限公司
经　　销：新华书店
开　　本：720mm × 1000mm/16
印　　张：11
字　　数：225 千字
版　　次：2016 年 12 月第 1 版　　2016 年 12 月第 1 次印刷
书　　号：ISBN 978 - 7 - 5096 - 4271 - 9
定　　价：52.00 元

前　言

当前，在我国家庭联产承包经营体制长期不变的前提下，一家一户分散的"小生产"和变化万千的"大市场"如何连接等问题开始暴露出来，市场上农产品买难卖难、多了砍、少了赶的局面交替出现，粮贱伤农、棉贱伤农，等等，农民总是难以摆脱"年丰农贫"的困境。在此背景下，农业产业化经营在我国开始出现并迅速发展，其中"龙头企业＋农户"是农业产业化经营的主要模式，它是农业龙头企业通过与农户签订农产品合同明确双方的权利和义务，以形成长期稳定的关系。但在现实中这种合作关系并不紧密甚至很不稳定，渠道投机行为普遍存在且颇为严重，因此，合理运用渠道关系控制机制（Control Mechanisms）来对龙头企业与农户合作关系进行治理显得尤其关键。

然而，现实中，由于以正式契约（Formal Contract）和关系契约（Relational Contract）为基础的渠道关系权威、合约和规范治理等传统渠道关系治理机制普遍忽视了隐藏在龙头企业代表人与农户内心中认为是"不言而喻"或"心照不宣"的心理契约内容，而引起了龙头企业与农户心理契约破坏或违背，进而导致传统渠道关系治理机制的困境与治理失灵问题。

因此，以"心理契约"为基础创新渠道关系治理机制，深入剖析与探索心理契约治理机制是解决龙头企业与农户合作关系不稳定以及渠道绩效不高的一个有效途径与新的视角。本书认为，对于心理契约的治理关键是要从心理契约的形成、发展以及履约或违背的动态过程来进行干预与诱导，以此引导龙头企业与农户心理契约的形成与发展，或保障龙头企业与农户心理契约的履行，避免心理契约的违背，这就是基于"心理契约"的渠道关系治理机制。

由此，本书对心理契约治理机制的概念、模型及其测量问题进行初步的探索，为进一步深入研究与完善心理契约治理机制的理论内容以及剖析心理契约治理机制对于渠道绩效的影响机理问题奠定基础。本书首先在对我国农业龙头企业与农户合作产生及发展现状进行介绍的基础上，分析了当前我国农业龙头企业与农户传统渠道关系治理机制的现实，传统渠道关系治理机制对于渠道绩效的影响及其面临的治理失灵困境等问题，由此提出基于心理契约治理机制创新的必要性，进而，通过对心理契约形成、发展及其违背的动态机制模型深入剖析，探索了心理契约治理机制的主要内容，即对心理契约形成、发展及违背的动态过程施加影响的心理契约治理沟通机制与诱导机制。运用因子分析、结构方程等分析方法，采用了 SPSS13.0、Amos7.0 等软件对基于理论分析推导出的概念模型进行了实证研究。结果表明，心理契约治理沟通机制包括任务性沟通、私人性沟通、反应性沟通三个有效的维度结构，心理契约治理诱导机制包括工具性诱导、情感性诱导、经济性诱导三个有效的维度结构。

本书的创新之处在于，针对以正式契约与关系契约为基础的传统渠道关系治理机制的治理失灵困境，将隐藏在农业龙头企业代表人与农户内心中认为是“不言而喻”或“心照不宣”的心理契约内容引入研究视野，开拓性地提出对农业龙头企业与农户渠道关系的治理仅仅依赖于过去基于正式契约与关系契约的传统渠道关系治理机制是远远不够的，还应以农业龙头企业与农户间心理契约（Psychological Contract）为基础创新渠道关系治理机制。以农业龙头企业与农户心理契约的形成、发展以及履约或违背的动态发展过程分析为基础，提出并探索了心理契约治理机制的概念、维度以及测量等，为进一步深入剖析心理契约治理机制对渠道绩效的影响机理奠定了研究基础。

目　录

第一章 绪论

一、选题背景与研究意义

“现在农民真苦、农村真穷、农业真危险!”（李昌平、张弘，2013）这是对我国“三农”问题的真实写照，为破解这一难题，中共中央 2004 ~ 2015 年连续 12 年都将中央“1 号文件”锁定于农业、农村和农民问题，为农村经济社会发展进行总体部署。十八届五中全会更是为农村经济社会全面发展制定了明确目标与具体措施，提出要“推动城乡协调发展，健全城乡发展一体化体制机制，健全农村基础设施投入长效机制，推动城镇公共服务向农村延伸，提高社会主义新农村建设水平……加大对革命老区、民族地区、边疆地区、贫困地区的转移支付。实施脱贫攻坚工程，实施精准扶贫、精准脱贫，分类扶持贫困家庭，探索对贫困人口实行资产收益扶持制度，建立健全农村留守儿童和妇女、老人关爱服务体系。”① 而经测算，中国共有贫困人口 7017 万人，中央决定到 2020 年要确保我国现行标准下的农村贫困人口实现脱贫，贫困县全部摘帽，解决区域性整体贫困，脱贫途径主要依靠产业扶持、转移就业、易地搬迁、教育支持、医疗救助等。② 显然，实现 7000 多万贫困人口精准脱贫是破解我国“三农”问题的“硬骨头”与“攻坚拔寨”之举，这一方面应从政府层面加大政策扶持力度，另一方面也应提升农民自身内在经营能力与抗风险能力。在此，本书主要拟对后者进行探究。

为此，回顾我国几十年来农村生产经营体制的发展与变革历程可以发现，农民自身经营能力与抗风险能力差是制约其发展的重要因素，尤其是自 20 世纪 90 年代以来，我国经济体制转轨使农业走上了市场化道路，大部分农产品开始告别

---

① 中国共产党第十八届中央委员会第五次全体会议公报.

② 关于打赢脱贫攻坚战的决定.

普遍短缺的时代，逐步转变为当前阶段性、季节性、结构性、区域性的局部相对过剩，农业和农村经济发展中长期积累的矛盾和问题，特别是一家一户分散的“小生产”和变化万千的“大市场”如何连接等问题开始暴露出来，市场上农产品买难卖难，多了砍、少了赶的局面交替出现，粮贱伤农、棉贱伤农等，农民总是难以摆脱“年丰农贫”的困境（杨慧、蔡文著，2013），表现为农民自身内在经营能力低下及抗风险能力极弱的问题尤其突出。正如牛若峰（1999）所说，家庭联产承包责任制只完成了一半的农业经营体制改革，另一半构建明晰的产权制度和解决小生产与大市场的接轨问题还远未解决。而当前在我国坚持家庭联产承包经营体制长期不变的前提下，一方面，农户生产经营规模普遍较小，生产经营能力普遍不高；另一方面，单个农户独立入市从事农产品营销活动面临着高昂的交易费用和过低的交易效率（何坪华、杨名远，1999；郭锦墉等，2007），农户抗风险能力极其脆弱。于是在家庭联产承包经营体制下农产品营销模式出现了创新，如农户与其他经济主体通过联合进入市场的合作营销方式来缓解这一难题。众多学者的研究也发现，农产品合作营销能够突破小农户的瓶颈约束，排除传统体制障碍，增强市场农业发展的内在动力（黄祖辉、王祖锁，2002），是单个农户进入市场并有效地降低交易费用与提高收益的理性选择。

现实中，农业产业化经营在我国开始出现并迅速发展，其主要模式有“龙头企业＋农户”、“中介组织（合作社、协会）＋农户”、“专业市场＋农户”、“贩运户和专业大户＋农户”等（牛若峰，2006）。其中“龙头企业＋农户”是农业产业化经营的主要模式，它是农业龙头企业通过与农户签订农产品合同来明确双方的权利和义务，以形成长期稳定的关系。国务院课题组（2001）将龙头企业与农户的这种合作模式定义为，在农产品生产过程中，农户依据与农产品购买者签订的合同来组织安排生产的一种农业产销形式，按照合同规定来完成农产品生产经营的产销活动全过程。然而，众所周知，龙头企业与农户合作过程中普遍存在着渠道投机行为，即渠道关系成员一方实际行为与合约所要求的行为不一致，渠道成员一方以牺牲另一方的利益为代价，为自己谋取私利（Wathne & Heide，2000）。因此，学者们提出要合理运用渠道的控制机制（Control Mechanisms）来对龙头企业与农户合作关系进行治理，以防止渠道投机行为，主要有三种基本治理机制：权威（Authority）、合约（Contract）和规范（Norms）治理机制（Weitz & Jap，1995）。但现实中渠道投机行为依然普遍存在且颇为严重，如刘凤芹（2003）提出，“龙头企业＋农户”这种合作模式并不紧密，甚至不稳定，农产品销售合同违约率高达 80%；郭锦墉（2007）的调查数据也显示只有不到四成的农户完全履行了合同。

究其原因，很多学者从不同的角度进行了解释：如合同不规范、履约机制不健全等；地方政府不按规律办事，不尊重农户意愿与选择，强行“拉郎配”，结果事与愿违；农产品营销渠道关系稳定性缺失与效率不高的原因在于渠道关系成员间权力不对称，权力结构过度失衡等。蔡文著、杨慧（2013）则认为，在对龙头企业与农户合作关系的研究中，仅仅关注合作双方所签订的书面合同是远远不够的，还必须深入了解那些隐藏在农户心中认为是“不言而喻”或“心照不宣”的心理契约（Psychological Contract）内容，并通过实证研究证明龙头企业与农户间心理契约对农户关系行为具有显著的影响。因此，现实中，由于以正式契约（Formal Contract）和关系契约（Relational Contract）为基础的渠道关系权威、合约和规范治理等传统渠道关系治理机制普遍忽视了隐藏在龙头企业代表人与农户心中认为是“不言而喻”或“心照不宣”的心理契约内容，而引起了龙头企业与农户心理契约破坏（Psychological Contract Breach）或心理契约违背（Psychological Contract Violation），而根据心理契约理论，心理契约违背越来越多地被用来解释组织中离职意向增加、组织公民行为的减少等负面现象（Robinson & Morrison，1995；Turnley et al.，2003；Meuse et al.，2004）。显然，龙头企业与农户心理契约破坏或心理契约违背也就有可能导致传统渠道关系治理机制的困境与“治理失灵”问题。

因此，从心理契约视角探究龙头企业与农户心理契约形成与发展以及心理契约违背的动态发展规律为基础来创新渠道关系治理机制，深入剖析与探索心理契约治理机制是解决龙头企业与农户合作关系不稳定以及渠道绩效不高的新途径与新视角。其关键就是要从心理契约的形成、发展以及履约或违背的动态过程来对龙头企业与农户心理契约进行干预与诱导，然而，过去10多年里学者们对心理契约研究主要集中在心理契约形成之后的变量及其影响变量，而对心理契约形成过程的研究则显得较缺乏。由此，本书选题就拟从心理契约形成、发展与履约或违背的动态过程来深入剖析与探索心理契约治理机制的内容及其测量模型，为进一步深入剖析心理契约治理机制对于渠道绩效的影响机理奠定基础。研究成果将具有重要的理论意义与现实意义：

（1）通过对心理契约形成、发展与违背的动态发展过程分析，探索心理契约治理机制的构成内容，属于开创性的，具有重大的理论意义。

（2）在对心理契约治理机制理论研究的基础上，对其结构维度及测量量表进行研究，为下一步深入剖析心理契约治理机制对渠道绩效的影响机理提供研究工具，具有重要理论意义。

（3）通过对心理契约形成、发展与违背的动态发展过程及其治理机制研究，有利于深化对现实中龙头企业与农户合作关系形成及其发展内在规律的认识与把握，进而为改善与优化龙头企业与农户合作关系开拓新的思路，具有重要的现实意义。

二、研究目标

本书认为，传统的渠道关系权威、合约、规范治理机制是以渠道成员间正式契约与关系契约为基础，传统渠道关系治理机制在进行治理时普遍忽视了那些隐藏在龙头企业代表人与农户心中认为是“不言而喻”或“心照不宣”的契约内容，即龙头企业与农户心理契约，从而容易引起由于心理契约破坏或心理契约违背带来的渠道关系不稳定或渠道绩效降低问题，进而有可能导致传统渠道关系治理机制效率不高的“治理失灵”问题。由此，渠道关系治理机制急需创新，如何基于心理契约来探索与剖析心理契约治理机制就是本书的研究重点，因此，研究的主要目标如下：

第一，深入剖析龙头企业与农户心理契约的形成、发展与履约或违背的动态发展过程，并试图对影响这一动态发展过程的心理契约治理机制的内容进行理论研究。

第二，聚焦龙头企业与农户心理契约，探索心理契约治理机制的概念、维度，建构心理契约治理机制的测量工具，并检验其信度与效度。

三、国内外研究现状

（一）农业龙头企业与农户渠道关系的形成与发展

1. 渠道与渠道关系

渠道一词源自水利工程学，泛指水流经过的通道。后被引入市场营销学的研究中，学者们提出了 Channels of Marketing（营销渠道）概念，又称为 Channels of Distribution（分销渠道，也称配销渠道、销售通路和流通渠道等），并从不同的视角进行了定义，归纳起来，对营销渠道的定义有三个不同的角度：一是重点强调营销渠道的组织结构。如 1960 年，美国 AMA（美国市场营销学会）认为，营销渠道是指公司内部单位以及公司外部代理商和经营销商（批发和零售商）的组织结构，通过这些组织，产品和劳务才得以上市营销。美国学者伯特·罗森布罗姆（Bert Rosenbloom）在其《营销渠道管理》（第 6 版）著作中定义营销渠道为，与公司外部关联的、达到公司分销目标的经营组织。二是着重强调产品从生产者转移到消费者的分销过程。如美国学者 Edwad Candiff 和 Rihcard Still 认为，营销渠道是指当产品从生产者向最后消费者和产业用户转移时直接或间接转移所有权所经过的途径。三是重点强调营销渠道过程中涉及的各类主体。如著名营销专家菲利普·科特勒（Philip Kotler）认为，营销渠道是指某种货物或劳务从生产者向消费者移动时，取得这种货物或劳务所有权或帮助转移其所有权的所有企业或个人，它包括经销商，如各级批发商、零售商（因为他们取得所有权）、代理商等。显然，比较上述三种定义可以发现，由于营销渠道不仅是产品从生产者向消费者移动的途径，更是表现在渠道各成员间在产品移动过程中所承担的营销职能及其为承担这些职能而建立起来的各种联系。由此，第三种定义即美国著名营销学家科特勒给出的定义最终被大家普遍认同与采用。因此，按照其营销渠道思想，农产品营销渠道就是指农产品从生产者向消费者转移时，取得农产品的所有权或帮助转移其所有权的所有企业和个人，即一切促使农产品顺利地被使用或消费的一系列相互依存的组织或个人，它包括供应商、经销商（批发商、零售商等）、代理商（经纪人、销售代理等）、辅助商（运输公司、独立仓库、银行、广告代理、咨询机构等）等（孙剑、李崇光，2003）。

鉴于上述营销渠道是指某种货物或劳务从生产者向消费者移动时，取得这种货物或劳务所有权或帮助转移其所有权的所有企业或个人的这一定义，在一家企业的营销渠道系统中，就会有各种各样的关联或关系。如横向关系、纵向关系、类型间关系和跨渠道关系，横向关系是指同一渠道、同一层次、相似企业之间的关系，如食品厂的食品由多个超市经营，这些超市之间的关系即为横向关系；纵向关系是指同一渠道、不同层次上的企业之间的关系，如制造商、批发商与零售商之间的关系；类型间关系是指同一渠道、同一层次、不同类型企业间的关系，如同是经营食品厂的产品，超市与便民店之间的关系即为类型间关系；跨渠道关系是指一个企业不同渠道之间的关系，如一家食品厂同时使用多条渠道销售其产品（如自销、通过批发或零售销售），这多条渠道之间的关系即为跨渠道关系（庄贵军，2007）。然而，在营销渠道理论研究中，对于营销渠道行为（Marketing Channel Dehaviors）的研究一般都是特指在渠道纵向关系中各个不同企业（或交易主体）之间关联和互动行为。王颖（2006）指出渠道关系是最简单的纵向营销渠道系统，纵向营销渠道系统主要有三种类型：一是管理型纵向营销渠道系统，即加入的企业都是独立所有、独立经营，但是它们的不同点在于管理型纵向营销系统具有更高效的组织间管理特点，通常受一个占统治地位的公司的领导；二是契约型纵向营销系统，即在不同的渠道层级上运作的各个独立企业，它们根据契约规定将自己的分销计划整合到一起；三是公司型纵向营销系统，即公司拥有并管理在其他渠道层级上经营的组织，一个组织通过两个或更多的渠道层级履行某一主要营销职能也属于公司型纵向营销系统（王颖，2006）。

2. 农业龙头企业与农户渠道关系的产生

本书研究的主要是纵向营销渠道系统中农业龙头企业与农户之间的二元关系结构，毫无疑问，农产品营销渠道关系也是一个复杂的渠道系统，因为，农产品营销渠道关系是一切促使农产品顺利地被使用或消费的一系列相互依存的组织或个人，包括供应商、经销商（批发商、零售商等）、代理商（经纪人、销售代理等）、辅助商（运输公司、独立仓库、银行、广告代理、咨询机构等）等交易主体在围绕农产品从生产者向消费者转移过程中所形成与发生的各种渠道关系系统。显然，农业龙头企业与农户的二元渠道关系结构又是最简单的渠道系统，聚焦于这一渠道关系系统，探究农业龙头企业与农户渠道关系行为规律是国内外众多学者的重要研究主题。因为，在国外，农业现代化经营过程中的一种重要经营形式即是农业生产者与农业相关联的工商企业之间以契约的形式形成一种稳定的合作关系，以完成某种或某一类农产品生产与流通过程，即合同农业或订单农业。如从20世纪60年代以来，美国农业产业发展迅速，农场主与农业相关联的工商企业合作日益频繁与深入，越来越多的农场主与农业工商企业签订契约以建立一种相对稳定的合作关系。在这一合作模式下，农场主与农业相关联工商企业都是独立的生产经营者，通常由农业工商企业负责向农场主提供农用物资、农业技术服务等，农场主负责农产品的生产，并按照双方所签订合同的约定，向农业工商企业供应农产品，由此农业工商企业则保证农产品的加工和销售。毫无疑问，几十年来，订单农业在美国发展迅速，通过订单生产的农产品产值占总产值的比重快速上升，如1969年美国订单生产的农产品产值占总产值的比重仅占12%，到1991～1993年则上升到近29%，而2001年则已上升到了36.4%（郭红东，2005）。

而在发展中国家如非洲的一些国家，订单农业则发展较早，如早在殖民地时期，订单农业就开始在诸如茶叶、咖啡等传统的出口产品经营中出现，后来，订单农业还被作为发展当地农业经济的一种有效途径而在世界银行等国际组织的援助项目中被应用。拉丁美洲的一些国家则在“二战”以后开始发展订单农业，如墨西哥最早在蔬菜产业生产经营中运用订单农业，直到20世纪70年代，随着国外跨国食品企业的进入，拉美一些国家订单农业的发展才进入了大发展的阶段，由此，大量的农民被称为“在家里替资本家工作的工人”（Workers for Capital Working at Home）。然而，亚洲国家在订单农业发展方面则相对滞后，相较而言，泰国订单农业发展相对早些，泰国在20世纪70年代中期就出现了订单农业，如70年代中期正大集团开始广泛借助合同形式与农民建立稳定的合作关系，进而实行农业产业一体化经营。按照合同规定，由正大集团提供种子、雏鸡、仔猪、饲料、饲养技术、防疫设备等，由农民负责种植和日常饲养，正大集团则保证按合同规定的价格收购。

在我国，订单农业发展的历史并不长，20 世纪 80 年代订单农业才开始在我国出现，如 1984 年，山东诸城市外贸公司仿照泰国正大集团的做法，建立起了贸工农一体化、产供销一条龙的肉鸡生产体系。这种一条龙的肉鸡生产经营体系的主要特点就是：以从事农副产品加工或流通的城乡工贸企业作为整个体系的枢纽，形成所谓的龙头企业来组织生产并负责市场销售；而以千家万户的农民家庭经营和村级集体经营为主体的生产基地，按照与农业龙头企业签订的合同或协议来定向生产，按时按质按量交售产品；以政府职能部门为主体的宏观调控体系，对一体化经营进行组织协调和宏观指导，使农、工、商、技结成风险共担、利益均沾、互惠互利、持续发展的经济利益共同体。由此，在这一体系内，肉鸡的孵化、种苗的提供、防疫的实施、饲料的供给、成鸡的回收、加工、冷藏、出售等都由农业龙头企业承担，而肉鸡的饲养则在农户中进行，屠宰后的羽毛、鸡骨等下脚料的加工下放到位于生产基地的小型加工厂中进行，加工后的产品仍由农业龙头企业回收。一体化建设所需资金由农业龙头企业负担大头，农户负担小头，政府帮助筹措（郭红东，2005）。众所周知，这个一条龙的肉鸡生产体系建成后，立刻显示出了强大的生命力，生产量及出口量以很快的速度递增，农民收入得到了很大的提高（牛若峰，1998）。

毫无疑问，山东诸城的这一经验在全国产生了非常重大的影响，许多企业纷纷学习其经验，模仿其做法也大力发展订单农业，由此，订单农业在我国得到迅速发展，很多企业与农户开始通过签订合同来明确双方的权利和义务，以形成长期稳定的关系。国务院课题组（2001）就将企业与农户的这种合作模式定义为，在农产品生产过程中，农户依据与农产品购买者签订的合同来组织安排生产的一种农业产销形式，按照合同规定来完成农产品生产经营的产销活动全过程。这种“企业 + 农户”模式的实质就是，企业通过与农户签订订单的形式把市场需求反映出来，引导农户按照市场需求组织生产。而根据与农户签约的主体不同，农业部（2002）将当前订单农业分为五种类型：一是农户与科研、种子生产单位签订合同；二是农户与农业产业化龙头企业或加工企业签订的农产品购销合同；三是农户与专业批发市场签订合同；四是农户与专业合作经济组织、专业协会签订合同；五是农户通过与经销公司、经纪人签订合同。其中，第二种订单类型即通常所说的“龙头企业 + 农户”模式是当前我国订单农业的主要形式，由此，理论界在对其进行研究的过程中，也就经常把“龙头企业 + 农户”等同于订单农业。正如一些学者指出，“龙头企业 + 农户”组织模式经常被称为“订单农业”或“分包制”，但从严格意义上说，这是不科学的，因为从我国各地农业产业化经营的实际经验来看，一方面与农户签约的主体是多样的；另一方面“企业+农户”的联结方式也是多样的，订单方式只是其中一种主要的利益联结方式（周立群、曹利群，2001）。

当前，我国农业企业与农户的利益联结方式主要包括三种类型：一是龙头企业通过市场与农户进行交易，企业在市场上收购农户的农产品，收购价格随行就市，农户自行独立地组织生产，并承担生产和市场的风险；二是龙头企业与农户共同建立农产品生产基地，一般来说企业向农户提供主要的生产资料、技术服务等，而农户负责具体的生产管理，生产的农产品由企业按照合同进行收购，收购的价格按合同规定的方式来确定，生产和经营风险按合同规定来共同承担；三是龙头企业通过吸收农户以土地入股，建立股份合作制企业，农户成了企业的股东。

显然，第一种方式农业龙头企业与农户分别作为独立的交易主体，双方的行为纯属一种随机的市场交易行为，对双方关系的规范更多地主要是遵循市场交易规则。而第三种方式由于农户入股成了企业的股东，由此，对于双方关系的规范则主要是遵循公司治理结构理论。第二种方式农业龙头企业与农户以契约方式形成的关系则是一种农产品营销渠道关系，“龙头企业+农户”也是当前我国农业产业化经营的一种主要形式，由此，对农业龙头企业与农户渠道关系的探究则是本书主要的研究对象。

3. 农业龙头企业与农户渠道关系形成与发展的原因

农业龙头企业为什么要与农户建立起合作关系呢？学者们对其渠道关系形成与发展的原因从不同的角度进行了深入的研究，综观国内外文献，代表性的观点主要集中在以下几个方面：

（1）认为农业龙头企业与农户渠道关系形成与发展的原因是为了降低市场交易成本。如Frank和Henderson（1992）在对美国食品工业的实证研究中发现，美国食品工业中采用订单农业的主要原因就是节省市场交易成本，因为市场价格的不确定性、资产专用性和规模经济等是影响市场交易成本的主要因素。Hennessy（1996）研究认为，虽然订单农业形成与发展的原因很多，但是作为市场交易成本的中间产品的质量考核成本尤其不能忽视，如在食品加工生产过程中，由于食品加工的投入品提供者和加工者对投入品的质量存在信息不对称，即提供者对农产品质量如何拥有较充分的信息，而加工者则很难了解该农产品的质量信息情况，要了解其真实质量信息必须要付出很高的成本。特别是如果农产品提供者与加工者仅仅是在市场上发生交易关系，那么加工者就很难保证其获得的农产品是否符合其质量要求。而通过各种方式进行纵向协调，就可实现对原料生产者的投入品及生产过程进行有效监督和控制，从而有助于农产品加工者以较低的成本获得高质量的投入品（Hennessy，1996）。Hobbs（1999）则基于交易费用理论构建了一个 DPTV 分析框架，对食品工业纵向协调现象进行了深入研究，发现农户与企业实行纵向协作的主要原因就是为了节省交易费用。国内学者如胡定寰（1997）也认为节省交易成本，增加企业利润是微观农业产业化产生的主要原因。何坪华和杨名远（1999）则通过实证研究认为，农户单独入市进行交易，无论是筹划市场交易的费用、执行市场交易的费用还是监督市场交易的费用等都很高昂，于是农户为了降低交易费用，主动选择农业产业化经营（何坪华、杨名远，1999）。郭锦墉（2007）的研究也发现，农产品营销中农户实施合作营销的根本动因主要源于两方面的需要：一是节约交易费用，由于单个农户进入市场进行交易，其交易费用非常高昂，而通过与龙头企业等组织合作营销则可以降低农户的交易费用；二是顺应环境变化，农户自身力量的弱小，使其感觉到单靠个人的力量难以适应经济全球化、科学技术进步和消费者需求不断变化等环境的变化，合作营销可以帮助农户增强适应环境变化的能力。

（2）认为农业龙头企业与农户渠道关系形成与发展的原因是为了解决小农户与大市场的矛盾问题，农户可以获得技术、信息、管理、市场及资金等方面的支持。Rehber（2000）认为大多数发展中国家的农户普遍都是小型的和自给自足的，家庭经营是农业生产增长的潜在重要来源，这一小规模的农业有其社会经济优势，然而，面对着大市场尤其是随着全球经济一体化带来的竞争压力，就存在着农户小生产与大市场的矛盾。小农户生产通常难以及时获得市场和新品种的技术信息，同时，由于缺乏必要的抵押品，小农户也不能获得资金的信贷，因而常常缺乏足够的资金来源，诸多问题就会严重影响小农户的发展，而如果农户参与订单农业，则能获得其需要的技术、信息、管理、市场及资金等各方面的帮助（Roy，1963；Doy et al.，1992；Moore，1994）。国内学者池泽新（2004）认为，随着全球经济一体化的不断深入，我国农产品生产经营者也将会面临着巨大的挑战，我国农业也必须面对来自农业发达国家的公司的挑战以及国外众多优质农产品所带来的强烈冲击，由当前我国分散细小的农户来承担这些冲击与压力显然是难以承受的，因为分散细小的农户不足以具备迎接这种挑战的能力，其表现为市场竞争力弱、营销手段滞后等特点，显然，与其他各经济主体开展合作，则更有利于其顺应经济的全球化。

（3）认为农业龙头企业与农户渠道关系形成与发展的原因是为了降低经营风险。Boehlje 和 Schrader（1998）认为，企业参与订单农业的主要原因是基于对风险控制的考虑。他们认为在食品加工生产过程中企业主要面临着三大类风险：一是由于价格波动而引起的中间投入品或产品的市场价格风险；二是由于投入品的质量和数量不稳定而引起的风险；三是食品对人的危害及生产及加工食品过程中对水、空气及土地资源的污染造成的食品生产安全。而加工企业如果通过订单农业来协调与农产品提供者的关系，则有利于其对生产各个环节进行质量控制和成本控制，降低投入品和销售品的价格风险，保证食品生产安全。他们认为那些大规模的、了解消费者需要及有市场垄断力的公司和能提供生产某种农产品投入专门资料（如品种、饲料）的提供商将在纵向一体化的过程中发挥主要作用，因为他们了解消费者的信息和掌握有技术（郭红东，2005）。Schrader（1998）也认为，农产品一般具有易腐烂性，需要及时销售出去，但如果没有稳定的销售渠道，就很容易变质，农产品品质的好坏又会直接影响该农产品的市场竞争力，而分散细小的农户几乎是不具备农产品保鲜等能力的，尤其是在激烈的市场竞争中愈发显示出竞争弱势，因此，农户为了增强市场竞争力、降低市场风险则倾向于纵向协调。国内学者如黄祖辉、王祖锁（2002）也认为，农产品合作营销能够突破小农户的瓶颈约束，排除传统体制障碍，增强市场农业发展的内在动力。赵邦宏（2001）认为，世界各国的农产品营销合作实践也证明了，通过贸工农有机结合、互惠互利，在一定程度上抵消了农业的弱质因素的制约，把农民直接导向市场，以适应不断变化的消费需求。

（4）认为农业龙头企业与农户渠道关系形成与发展的原因是农产品特殊的生产和消费特性。Den Ouden 等（1996）认为农业生产有其特殊性，如农业生产具有明显的季节性与不连续性等，而这又与消费者对农产品需求的普遍性与连续性形成了矛盾。再加上大多数农产品一般都具有易腐烂性、不易保存等特点，由此如果没有稳定的销售渠道就很容易变质，进而，农产品品质对于最终加工产品的质量又具有直接的影响。显然，要解决这些问题，要确保农产品的品质，农产品的加工、销售环节的合作就显得重要。因此，通过纵向协调的经营体系，就能将分散的生产、加工、销售等诸多环节有效地加以协调，较好地解决农业生产过程中的上述矛盾和难题。

（二）龙头企业与农户渠道关系质量的度量

渠道关系质量（Relationship Quality）是指渠道合作者之间基于交易成败的经历（包括一次次满意与不满意感觉的累积）而形成的一种关系状态，表现为交易双方对这一关系状态的总体评价或感知（Crosby et al.，1990）。渠道关系质量既是渠道成员之间行为互动的结果，也是渠道成员之间新一轮行为互动的基础。高质量的渠道关系，能使关系各方获得远大于商品交易带来的利益，也使交易关系更加稳定和长久（Ford，1980）。1983 年，Levitt 就提出关系质量作为扩展产品或服务的组成部分，是促成买卖双方互惠交换的无形价值束。关系质量是渠道关系交往双方对于单个或一系列关系行为的感知与评价，它反映出渠道关系的总体强度以及满足各自需要及期望的程度，关系质量的实质就是其能够增加企业提供物的价值，加强关系双方的信任与承诺，维持长久关系的一组无形利益（刘人怀、姚作为，2005）。还有学者对关系质量与顾客的购买行为、自发行为、企业绩效等变量之间的关系进行了理论或实证研究（Roberts et al.，2003；张广玲，2005），研究结果均表明，关系质量与顾客购买行为、自发行为、企业绩效等变量之间存在显著的正向关系。正是由于关系质量在创造渠道价值方面的重要性，学术界普遍认为高品质的渠道关系能够提升关系绩效或获得期待的关系结果（Moorman et al.，1993；Crosby et al.，1990；Morgan & Hunt，1994；Jap，1999）。

那么，如何来评价渠道关系质量呢？综观文献，我们发现，目前，学者们对渠道关系质量的度量标准还不统一，分别从不同的角度进行了研究，归纳起来，对渠道成员间所形成的关系以致整个渠道系统的运行效率可从定性和定量两个角度来进行反映和度量。

有学者将渠道成员之间所达成的关系状态称作定性产出，通过协调、满意与承诺等指标来对渠道关系的定性产出进行度量；同时，把每个渠道成员的个体绩效以及渠道整体绩效称作渠道关系定量产出，使用效率的提升或交易成本的下降等指标来对渠道关系定量产出进行度量（Mohr & Nevin，1990）。

也有学者对渠道关系定性产出与定量产出不作区分，而笼统地把满意、承诺等反映关系状态变化的变量作为渠道绩效的度量指标（Brown et al.，1995；Ramaseshan et al.，2006；Geyskens et al.，1999）。同时，还有一些学者对渠道关系定性产出与定量产出之间的关系进行了探讨，提出渠道关系定量产出是定性产出的结果，即认为渠道绩效定量指标的水平取决于渠道成员行为或态度的转变（Mohr & Nevin，1990；Hewett & Bearden，2001）。Brent 和 Simpson（1996）则认为，我们不应将注意力完全放在定量产出上，因为定量产出的水平可能只是表明了渠道关系暂时的有效性，而不能确保渠道关系参与方的长期承诺，也就容易忽略关系进程中发生的很多难以量化的事实。因此，多数学者便把信任、承诺与渠道满意度等定性产出视为渠道关系质量的核心维度（刘人怀、姚作为，2005）。

还有学者将龙头企业与农户渠道关系质量用关系价值与关系绩效来进行度量。因为，渠道成员建立合作关系的主要理由就是价值创造与价值分享（Anderson，1995；Kumar，2005），而渠道成员间高品质关系就能使参与各方稳定地获取其不通过合作而单独经营所无法获得的利益和价值，正如 Flint（1997）认为，供应商与顾客之间的长期关系是绩效实现的关键，也正在成为企业获取竞争优势的重要来源。可见，关系价值是内在原因，关系绩效是外在表现，关系价值为绩效的提升提供了解释（Smith et al.，1995）。关系价值是指渠道关系应为合作的每一方都能创造价值，并且在合作关系中，要想使关系得到进一步的发展，每一方都应得到比它单独运作更多的利益（Wilson，1995）。丁力（1998）认为，在农业龙头企业与农户渠道关系合作过程中，双方共同构成了渠道关系体系和产业经营链，缺少任何一方，这个体系都是不完整的，产业链也不能连接起来。如农户的需求不能得到有效的满足，农民的积极性就无法调动起来，农业产业化经营就没有了源头，失去了其发展的基础，也容易失去系统内的平衡。但如果仅仅是强调了对农户利益的保护，而忽视了对农业龙头企业经营目标的保护，农业产业化也会失去其发展的动力，因为“龙头企业+农户”合作模式的“龙头”不在，“龙身”和“龙尾”如何能够得到发展呢？所以，对关系价值的理解应将渠道关系体系看作为一个整体，只有体系内各交易主体都得到了发展，整个体系才能发展，任何一方都不可偏废。因此，Lapierre（2000）认为，关系价值是指厂商和顾客从保持的关系交换中获得的除核心产品或服务以外与关系有关的价值。由此，龙头企业与农户渠道关系创造的价值是龙头企业与农户通过建立特定的合作关系，共同创造的除核心产品或服务以外与合作关系有关的价值（瞿珊珊，2009）。而绩效（Performance）是价值的外在表现。如对龙头企业来说，合作关系的价值是获取了稳定的、高质量的农产品原材料等，而合作关系的绩效则是龙头企业在业绩上的表现，如利润率、运行成本、价格等财务上的表现等定量度量以及对关系的满意等非财务上的表现等定性度量。对农户来说，合作关系的价值是获得了稳定的长期的农产品销售等，而关系绩效则是农户收入、生产成本等定量度量，以及对关系的满意等定性度量。如关系行为就是渠道成员间关系状态的定性度量反映，关系行为是产品或服务从生产者向消费者转移过程中，渠道成员所作出的能促进渠道正常运行和渠道成员关系长期、稳定、和谐的活动或行为（Kelly & William，2001）。对关系行为的关注，主要在于研究探讨渠道成员如何激发与保持来自其他渠道成员的期待行为。当前，这一构念已受到越来越多研究者的关注，因为关系行为对组织间活动的协调与渠道绩效等结果变量具有很强的影响（Anderson & Narus，1990；Morgan & Hunt，1994；Lusch & Brown，1996；Hewett & Bearden，2001）。关系行为究竟应该包含哪些维度？对此学者们仍存有争议，但毫无疑问并非每个维度都是同等重要的。由于不同学者的研究背景与研究目的的不同，因而对这一构念的操作化也就不尽相同，他们不会去关注关系行为的所有维度，而是根据其研究背景与研究目的的不同，来选择其中的一种或几种行为进行研究，因为关系行为并不是存在“真空环境”中，它必须被操作于特定的交易环境中（Shang et al.，2006）。只有那些有助于提升价值的核心关系行为维度才是研究者们要关注的重点。如对经销商与供应商关系行为的研究成果主要关注了默许、脱离关系倾向（Morgan & Hunt，1994）、长期取向（Ganesan，1994）和承诺（Wilson，1995）等变量；也有学者聚焦于权力运用与满意（Mohr & Nevin，1990；Anderson & Narus，1990）、团结（Kim，2000）、承诺

(Goodman & Dion, 2001; Brown et al., 1995) 或渠道成员间的协调性 (Mohr & Nevin, 1990) 等; 美国学者 Morgan 和 Hunt (1994) 则把承诺看作是"长久地维持价值关系的意愿", 而信任则是关系中的一方对交易伙伴的可靠性和诚实性具有的信心。他们在对 10 种关系研究的基础上, 建立了以信任和关系承诺为核心的关键中间变量理论模型 (the Key Medium Variable Model, KMV; 见图 1-1)。

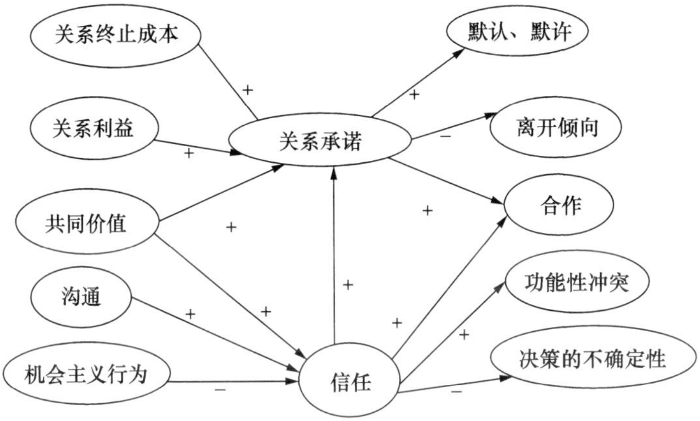

图 1-1 Morgan-Hunt 的 KMV 模型

资料来源: Morgan Robert & Shelby Hunt. The Commitment - Trust Theory of Relationship Marketing. Journal of Marketing [J]. 1994 (3).

Morgan 和 Hunt (1994) 指出, 信任和关系承诺是关系营销中两个关键变量, 企业可以通过改变这两个变量来维持、发展和增进与某一市场的信任和关系承诺。同时, 信任和承诺还可以鼓励市场营销者: ①与交换伙伴合作致力于保护关系投资; ②拒绝短期方案的吸引, 以便有益于与现存伙伴的长远利益; ③谨慎地看待潜在风险, 相信其合作伙伴不会采取机会主义行动。从模型中还可以看出, 经由关系承诺中间变量会使承诺方更加顺从, 离异倾向减弱, 而且更加合作。

综述文献, 对渠道合作关系绩效的度量目前在学术界还没有达成统一的结论, 现有研究主要从三个维度来考虑: 一是从采用的测量方法方面, 是运用客观指标评价法还是管理人员的主观打分评价法。客观指标评价法优点是指标明确, 但有时数据获取存在难度并且数据的有效性也不容易确定。采用管理人员主观打分法的优点是可以测量合作绩效的多个方面, 但缺点是评价结果受打分人员的个人主观影响。二是从研究角度方面, 是从一方还是双方来开展研究。三是从采用的评价指标方面, 是运用财务指标还是非财务指标或者是定量指标还是定性指标, 抑或是两者的结合等 (瞿珊珊, 2009)。表 1-1 反映了部分学者对合作关系绩效度量研究的代表性研究观点。

表 1-1　以往文献对合作关系绩效的度量指标

<table>
<tr><th rowspan="2"></th><th colspan="2">单方</th><th colspan="2">双方</th></tr>
<tr><th>作者</th><th>指标</th><th>作者</th><th>指标</th></tr>
<tr><td rowspan="3">客观</td><td>Dyer（2004）</td><td>利润</td><td rowspan="3">Dyer（1996）</td><td rowspan="3">质量，新模型的循环周期，效率/成本，利润率</td></tr>
<tr><td>Noordewier 等（1990）</td><td>持有成本、购置成本</td></tr>
<tr><td>叶飞和李怡娜（2006）</td><td>企业运营绩效：成本、服务水平、时机与创新</td></tr>
<tr><td rowspan="12">主观</td><td>Fynes 等（2005）</td><td>成本、质量、交付、柔性</td><td rowspan="6">杨静（2006）</td><td rowspan="6">供应商关系管理的绩效包括供应商绩效和企业绩效。供应商绩效包括质量、交付期、成本和柔性；企业绩效包括企业实体绩效（如成本、质量、价格、交付、灵活性等）和企业满意绩效（如企业是否对当前的供应商满意、是否后悔与这个供应商合作等）</td></tr>
<tr><td>Leutheser 和 Kohli（1995）</td><td>满意</td></tr>
<tr><td>McIntyre 等（2004）</td><td>感知的效力</td></tr>
<tr><td>Cannon 和 Homburg（2001）</td><td>直接产品成本；购置成本；运作成本</td></tr>
<tr><td>Toole 和 Donaldson（2000）</td><td>包括财务因素和非财务因素：满意、利润率、销售、依赖以及质量</td></tr>
<tr><td>Dahlstrom 和 Nygaard（1999）</td><td>交易成本，包括讨价还价成本、监控成本、适应不良成本</td></tr>
<tr><td>Jap（1999）</td><td>相互的利润；竞争优势</td><td rowspan="6">王承哲（2005）</td><td rowspan="6">直接绩效（合作双方各自合作目标的实现程度）；间接绩效（对企业竞争优势的提升竞争）</td></tr>
<tr><td>Saxton（1997）</td><td>联盟绩效：联盟参与方所感知的绩效，即其对联盟的整体满意度，满足其目标的程度以及联盟对其核心能力的贡献；参与方评价对联盟第一年的满意程度</td></tr>
<tr><td>Lusch 和 Brown（1996）</td><td>组织是追求效率和生产力的，衡量指标包括销售增长、利润增长、总体利润率、流动率、劳动生产率和现金流</td></tr>
<tr><td>Young 等(1996)</td><td>感知的绩效</td></tr>
<tr><td>Carr 和 Pearson（1999）</td><td>财务绩效：投资回报；利润，占销售额的百分比；公司的税前净收入；公司的现值</td></tr>
<tr><td>潘文安（2006）</td><td>营利能力、目标达成度、关系持续度以及客户满意度</td></tr>
</table>

续表

	单方		双方	
	作者	指标	作者	指标
主观	王凤彬（2004）	竞争优势：产品质量和品牌/传统的差异化；定制化、多样化的产品；快速的服务；合理的资源耗散	贾生华等（2007）	组织有效性：联盟目标的实现程度和溢出效应
	廖成林、仇明全（2007）	企业绩效：①显性绩效：财务和市场方面的绩效；②隐性绩效：企业的创新能力和市场声誉等		
	Gencturk 和 Aulakh（2007）	市场绩效：市场占有率、销售增长率；满意		
	Walter 等（2001）	关系价值 = 收益（Benefits）－成本（Sacrifices）		
	Bello 等（2003）	目标的实现程度：销售、利率、增长		
主观与客观结合	Simpson 等（2001）	关系成本包括产品及服务成本、机会成本、间接成本；财务绩效；感知的关系价值	Claro，Hagelaar，Omta（2003）	销售增长率；感知的满意
	Mohr 和 Nevin（1990）	定性：协调、满意、承诺；定量：绩效（效力、资产、效率、利润率）	Stephen，Coote（2007）	目标的一致性；财务绩效：项目的预算/成本
	巫景飞（2005）	联盟的绩效包括直接效应与间接效应，指标：运作满意度、目标达成度	Arino（2003）	财务绩效、运营绩效和组织有效性
	Lee 和 Cavusgil（2006）	联盟绩效：战略绩效：联盟的强度、稳定性、知识的获取；市场绩效：市场占有率、销售增长率、市场开发、产品开发		

资料来源：瞿珊珊．龙头企业与农户合作关系：治理、绩效与影响因素［D］．华中农业大学博士学位论文，2009.

（三）农业龙头企业与农户渠道关系治理机制研究

1. 治理的一般概念

治理（Governance）是与控制相似的词语，然而与控制一词相比较，治理则更为中性也更具有含义上的包容性。丹尼尔·考夫曼认为治理是指一个国家行使权力所依赖的传统和制度。莱蒙特·汉普尔（1996）则认为治理是指社会以正式与非正式的途径管理、发展并解决冲突的一套复杂的价值、规范、过程和制度体系。20 世纪 80 年代兴起的公司治理理论则以委托代理理论为基础，探讨在所有权与经营权相分离的情况下，通过有效的公司治理结构和治理机制的设计，来实现公司所有者、经营者以及利益相关者等各方利益的均衡的过程。Williamson（1979）以交易为对象将治理结构定义为存在于整个交易过程中的制度框架，治理源于交易契约的不完整性，由此，Williamson 在西蒙的基础上提出了人的有限理性认知假设与自利性行为假设，提出了为应对交易契约的不完备性以及防范人的机会主义行为，就需要设计出一种合适的治理机制来规制各种交易行为。显然，这里的治理就是指如何实现良好秩序的制度安排或制度框架，以解决交易中潜在的冲突（罗密，2013）。根据上述定义，可以发现治理的实质都是指通过正式的与非正式的制度安排，来形成良好的社会关系结构或组织关系结构，构建出参与者之间的和谐关系，以实现关系各方利益平衡的治理目标。

2. 渠道关系治理机制的含义

渠道关系治理则是指渠道交易的制度安排（Institutional Arrangements），它包括对渠道建立、维持和结束的约定，以及这些约定在不同渠道成员之间的洽谈、监督和执行等（Heide，1994）。Heide 认为，渠道关系治理可以分为市场治理与非市场治理两种基本形式，市场治理最显著的特征就是以短期的市场交易为基础。而非市场治理则是以科层制度或具有科层制度特征的一体化渠道和以双边关系为基础的治理形式。同时，Heide 进一步根据渠道双方是否共同参与渠道关系的决策为基础，将非市场治理分为单边治理与双边治理两种形式，认为在公司一体化渠道、由独立企业构成的常规渠道、准一体化渠道这三种渠道形式中，传统的常规渠道属于市场治理范畴，公司一体化渠道与准一体化渠道则属于单边治理范畴，而合作、伙伴型营销渠道则属于双边治理范畴。同时，Heide 的实证研究还发现，上述几种治理形式不是相互独立的，而是可以相互组合使用的。

渠道关系治理机制也称控制机制，是指一个渠道成员控制另一个渠道成员的具体方式与措施。渠道治理机制可以调和渠道成员间的相互冲突或不同利益，并采取联合行动，这得益于渠道成员自觉地遵循正式制度、惯例的过程，也更得益于符合渠道整体利益的各种非正式制度安排，如权力、信任、价值观、伦理道德和习俗等（胡宝玲，2007）。学者们一般认为渠道关系治理方式有三种基本机制：权威治理机制、合约治理机制和规范治理机制（Weitz & Jap，1995）。权威治理机制是指渠道中的一方为实现渠道关系治理目的，基于其在渠道关系中拥有的产权、资源、位置优势等，从而获得了相应的权力并对渠道关系中其他成员的活动施加影响。如通过使用权力基础或者权力策略等方法使一个渠道成员去做它原本不愿意做的事情，当渠道关系一方通过使用权力影响另一方的行为时，一般来说，权力优势方拥有或控制着权力劣势方所需要的重要的或有价值的资源；利用契约机制进行治理，是指为实现渠道关系治理的目的，渠道成员与另一方渠道成员通过签订契约的形式来进行相互控制。在这里，双方签订的契约是渠道成员共同达成的一种约定，还可以由一方拟定或通过谈判由双方共同协商拟定，还可以是预先就有的或依情况变化适当修改的。契约定义和正式规定了渠道成员执行渠道任务的要求和获得利益的条件，在一定程度上可以详细地、有约束性地来识别各方的地位和义务（Jap & Ganesan，2000）；使用规范机制来进行治理，是指为实现渠道关系治理的目的，促使渠道成员之间达成一系列的隐性规则或规范，从而，通过这些隐性规则或规范来协调双方的活动与治理关系。关系规范（Relational Norms）是一种依赖双方合作行为的双边协调机制（Heide & George，1992），强调渠道成员保持关系的共同期望并力图寻求互惠解决方法的意愿。规范治理机制只有在渠道成员之间拥有了较高水平的互信以后，才具有比较好的治理效果，即当渠道双方彼此之间具有高水平的互信和承诺，使用规范治理机制才可以在更大程度上抑制渠道成员的投机行为。

3. 营销渠道关系治理理论研究发展脉络

综述文献，当前，学术界对营销渠道理论的研究大致经历了三个发展阶段：第一个阶段是以效率和效益为重心的结构范式研究阶段；第二个阶段是以权力和冲突为重心的行为范式研究阶段；第三个阶段是以关系和网络为重心的关系范式研究阶段（Wilkinson，2001）。回顾营销渠道关系理论从结构—行为—关系范式的发展路径及其演进背后的基本理论，事实上体现的是一种从交易到关系型治理理论的发展历程。这也与营销实践中营销渠道经历了从交易型渠道向关系型渠道发展的历程比较一致。

交易的核心就是交换，营销学的基本问题就是交换关系（Bagozzi，1975；Hunt，1983），但起初，从营销学理论发展的历史渊源来看，作为脱胎于经济学的一门学科，营销学在很长的一段时间里其核心问题交换事实上就是指经济交换，因此，其交易关系的基础就是联结双方合作关系的正式契约，由此，早期对渠道关系的治理主要也就是基于交易双方所签订的正式契约了。按照 Macneil 的定义，正式契约是一种承诺，这种承诺可以被第三方（如法庭）所观测和实施，主要有四个特点：一是契约在事前是明确制定的；二是契约在事后是可以验证的；三是验证契约的标准是客观的；四是契约可由第三方来证实和强制实施（李双燕等，2008）。因此，正式契约是能够且需要描述成可以由诸如法庭等第三方事后证实和执行的契约条款，该正式契约强调的是法律和承诺，强调最初签订的契约细节，当双方交易出现纠纷时，就交给法院仲裁，显然，其前提假设是国家法律制度及执法机构能清晰地界定产权、保证契约自由和契约履行，法律是保证市场机制正常运行的充要条件（袁正、于广文，2012）。由此，基于这一正式契约的渠道关系治理机制首先就是合约治理机制，即交易双方通过签订契约的形式来进行相互控制，在契约中明确定义与规定彼此应履行的义务要求以及获得利益的条件，以达成渠道关系治理的目的。Macneil（1974）形象地将这种合约治理机制描述为“以清楚的协议迅即进入，以明确的履行迅即撤出”，这种契约根据交易的当前性质及将来的可能状况，把一切可能性都拟订成现成的条款，签订面面俱到的契约，一旦发生矛盾，以最初签署的契约为准来处理冲突与纠纷。实践中，由于人的有限理性以及不完全信息等原因，交易双方无论如何慎重考虑其所签订的契约也总是不完备的，而且交易双方的机会主义行为倾向常常会破坏契约的履行，因此，除了基于正式契约的渠道关系合约治理机制外，渠道成员还可利用其拥有的权力等来对渠道关系进行治理，即渠道关系权威治理机制，渠道中的一方为实现渠道关系治理目的，基于其在渠道关系中拥有的产权、资源、位置优势等，从而获得了相应的权力并对渠道关系中其他成员的活动施加影响。如通过使用权力基础或者权力策略等方法使一个渠道成员去做它原本不愿意做的事情，当渠道关系一方通过使用权力影响另一方行为时，一般来说，权力优势方拥有或控制着权力劣势方所需要的重要的或有价值的资源。

之后，以正式契约为基础的渠道关系治理向以关系契约为基础的渠道关系治理演进。关系契约是基于未来关系价值的一种非正式协议，Gibbons 和 Murphy（2002）认为，关系契约的主要特点是自我履行，即交易在很大程度上由参与者自行协调来完成的，不需要经过制度、仲裁者等第三方的干预。如企业之间在没有签订正式契约的情况下而长期保持密切的垂直或水平关系，这也属于关系契约的范畴，如企业网络、战略联盟、联合企业和企业集团等。通常关系契约也有四个主要特点：一是事前明确制定契约的成本是高昂的；二是存在一个双方共有的知识，它可以被双方观察到，但不可以被法庭所证实；三是测量契约的标准是主观的；四是契约是靠自我履行的。其中，自我履行的一个重要条件就是对未来预期的价值充分大，以减低交易双方违约的意愿（李双燕等，2008）。显然，关系契约是由未来关系的价值所维持的一种非正式协议，关系契约根植于参与方之间的特定情景中，且无法被第三方事后证实和执行，其主要特点就是具有可自我履行的功能。从交易发展到关系，看似有着较大的差异，但 Coviello 等（2002）研究发现，其实这两种视角并不是完全对立的。更有学者指出，作为营销核心概念的交换，可同时体现出交易与关系两方面的特性（Bagozzi，1975；Styles & Ambler，2003）。因此，这种从交易向关系的演进，其实并没有触及营销学的核心概念——交换，只不过最初基于交易的交换主要是经济交换，而基于关系的交换不仅包含着传统的商品与服务的经济交换，还包括更多具有象征意义的、更复杂的社会交换，即社会互动过程。

综观文献，其发展路径及其演进背后的理论基础主要是两个方面：一方面，到 20 世纪 60 年代以后，一些营销学者开始以 Homans 等社会学者为代表的社会交换理论为基础，对传统的围绕经济交换的营销核心概念交换的范围进行了拓展，使其突破了传统的经济领域，而开始进入了社会领域，这一拓展也重新确立了交换作为营销学核心概念的地位。因为，关系营销并没有超越传统营销理论的概念基础——交换，它强调顾客需求满足过程中的关系要素，但实质上是将关系作为实现交换的中间变量，真正价值和目的所在仍然是交换（王颖，2006）。兴起于 20 世纪 50 年代末以 Homans、Blau 以及 Emerson 等著名社会学家为代表的社会交换理论，认为人类的相互交往与社会联合是相互交换的过程，人们在进行各种具有经济价值的物的交换过程中，伴随着这一经济交换关系的进程，人们还在进行着各种无形的社会关系要素的交换，且市场中的经济交换只是这种广义社会交换的一部分而已。正如 Macneil（2004）提出，交易是社会性交换，进入交换的不仅是合意，而且包括身份、社会功能、血缘关系、权威体系、宗教义务、习惯等社会性因素。显然，这就是关系契约理论，它将营销中的交换区别为基于正式契约的离散型交换与基于关系契约的关系型交换，一般来说，传统营销更注重间断性的交易活动，前后两次交易活动经常互不相关，即离散型交换，离散型交易以实物为基础，有明显的开始与结束且持续时间较短；而关系型交换是以无形的情感、承诺、信任为交换的基础，可以追溯至先前交换双方的活动，反映的是持续的过程且持续时间较长。毫无疑问，关系营销是"旨在建立、发展和维护关系交换"（Relational Exchange）的营销活动，关系营销具有非即时回报性，付出的一方并不要求接收方立刻给予等价的回报（王颖，2006）。另一方面，实践中，绝大多数的交易纠纷都是通过私下协商来解决的，一旦发生纠纷，交易双方首先借助各种非正式安排来进行，如握手、口头协定、持续关系、习俗和惯例等。正如 Macaulay（1963）在《工商界的非商务性关系》一文中指出，公司花费很大力气签署的交易契约，常常被束之高阁，不再理会，在实际交易中，人们往往更愿意通过非正式的社会关系来维持交易。人们总是尽量避免打官司，首选就是通过私下协商解决，而法律机制总是被作为一种求助的最后手段，一旦走上法庭运用法律机制解决争端，也就意味着交易双方关系的彻底破裂（Dixit，2004）。交易不是一次性的，而是面向未来的长期交易，这也意味着一切契约必须是在社会关系中才有实质意义，每一个契约都必然是关系契约，对于契约的思考都要认识到交易在关系上的嵌入性，契约的履行和纠纷的处理要以保护长期关系为原则，使契约保持相互性、团结性和合作性（袁正、于广文，2012）。正如 Granovetter（1985）提出的，经济活动是嵌入在社会关系之中的，只有在一定的社会关系中才能理解具体的经济活动。因此，一些学者认为，基于关系契约对渠道关系的治理应是使用规范机制来进行治理，即为实现渠道关系治理的目的，促使渠道成员之间达成一系列的隐性规则或规范，从而通过这些隐性规则或规范来协调双方的活动与治理关系。关系规范（Relational Norms）是一种依赖双方合作行为的双边协调机制（Heide & George，1992），强调渠道成员保持关系的共同期望并力图寻求互惠解决方法的意愿。规范治理机制只有在渠道成员之间拥有了较高水平的互信以后，才具有比较好的治理效果，即当渠道双方彼此之间具有高水平的互信和承诺，使用规范治理机制才可以在更大程度上抑制渠道成员的投机行为。

4. 农业龙头企业与农户渠道关系的治理

综观文献，对农业龙头企业与农户渠道关系治理的研究成果主要集中在：一是对龙头企业与农户渠道关系治理机制的研究。学者们提出，无论在公司渠道中，还是在独立组织构成的常规渠道中均需根据渠道关系中的关系属性进行关系行为管理（Macneil，1980）。一般认为，渠道关系中的关系要素主要是权力、依赖、沟通、合作意愿与条件、信任与承诺等，因此，学者们从渠道成员通过调控上述不同关系要素的相互作用以实现渠道控制与协调的目的这一行为角度，将龙头企业与农户渠道关系治理机制可分为三类，即基于正式契约的渠道关系合约（Contract）治理机制、渠道关系权威（Authority）治理机制，以及基于关系契约的渠道关系规范（Norms）治理机制（Weitz & Jap，1995）。二是对渠道关系治理机制与渠道绩效关系的研究。学者们认为，高品质的渠道关系能够提升渠道绩效或获得期待的关系结果（Moorman et al.，1993；Crosby et al.，1990；Morgan & Nevin，1994；Jap，1999），而渠道成员期待的渠道关系的实现又需要渠道关系治理机制来发挥作用（Stern & EI - Ansary，1992；卢泰宏、贺和平，2004）。渠道关系行为对组织间活动的协调与渠道绩效等结果变量具有很强的影响（Anderson & Narus，1990；Morgan & Hunt，1994；Lusch & Brown，1996；Hewett & Bearden，2001）。Gerrit、Trienekens、Jacques 等认为构建和发展良好的伙伴关系是农产品渠道商关系优势的决定因素之一。显然，每一种渠道关系治理机制对渠道关系绩效均会产生正面的或负面的影响（Weitz & Jap，1995）。因此，多数学者便将高品质的渠道关系作为关系治理的主要目标，认为关系治理就是通过对渠道成员的影响，要在渠道成员之间建立、发展与维系具有高满意度、信任与承诺等基本特征的关系。实践中，为实现渠道关系治理的目标，考虑到每种治理机制的不同影响，多种治理机制通常被组合起来使用，以协调关系双方之间的活动，因为每一种治理机制对渠道关系均会产生正面的或负面的影响（Weitz & Jap，1995）。如即使是在权力高度不对称情况下，只要权力弱势企业感觉权力优势方是公平的，那么，它也会形成对权力优势方的信任或承诺。而规范治理尽管形成了相互共同认可的行为规范，且不存在异议，但事实上渠道成员在渠道活动的预期上还是可能会存在模糊，这些模糊会由于错误的沟通而导致无效协作（Kuma，1995）。因此，关系规范具有较强的情境性，在某些情境中关系规范可能无法有效地防止机会主义行为的发生，此时，其他的治理机制（如权威治理）等就有可能更适合用来抑制机会主义行为（Berthon，2003）。但也有学者认为权力与成功关系背道而驰，将权力与病态关系相联系（Young & Wilkinson，1989；Morgan & Hunt，1994），权力与合作不能共存，并且将权力看作为信任的对立面（Doney & Cannon，1997；Pole，2002）。Morgan 和 Hunt（1994）的对承诺—信任理论模型的研究中也没有将权力包括进来。一些学者认为，当关系交易方式建立后，企业应该少用、最好不要使用权力来协调渠道成员彼此之间的行为（Weitz & Jap，1995）。

（四）心理契约理论研究概述及其新进展

1. 心理契约概念的提出及其演变

1960 年，Argyris 最早在《理解组织行为》一书中运用心理的工作契约（Psychological Work Contract）来描述工厂中工人和工头之间的关系。Argyris 认为心理的工作契约所描述的工人与工头间的关系，表现为如果工头采取积极的领导方式，工人就会产生出乐观的表现。此后，学术界对心理契约概念的理解大致经历了三个阶段：

第一个阶段：广义概念阶段（20 世纪 60 年代初至 80 年代末）。学者们普遍将心理契约定义为存在于雇用双方之间的未书面化的契约（Unwritten Contract）、内隐契约（Implicit Contract）或者期望（Expectation）等，即关于组织与员工相互之间责任和义务的期望（Levinson，1962；Kotter，1973；Schein，1980）。心理契约概念中的感知主体即“究竟谁是主观理解的主体”研究者们都没有明确指出，而是内在的认为雇员个人和组织都是理解的主体或感知的主体。对于组织角度的心理契约，到底是什么人和什么事能够代表组织的期望？至今为止，这仍然是一个争议不休的话题。

第二个阶段：狭义概念阶段（20 世纪 80 年代末至 1994 年）。学者们对心理契约研究的重心转向了心理契约的个体层面，强调员工个体对于组织责任和自身责任的感知（Rousseau，1989；Robinson et al.，1994）。

第三个阶段：广义概念与狭义概念交锋阶段（1995年之后）。学者们就心理契约的概念界定及相关问题展开了激烈的争论，从而形成了两个学派：一派是Rousseau学派。该学派以美国学者Rousseau、Morrison、Robinson等人为代表，强调了心理契约是雇员个体对交换关系中彼此义务的主观理解。Rousseau学派将心理契约的研究从传统的雇用双方分别对彼此义务的主观理解，即“双维度、四方格”研究，转变到雇员个体“单维度、两方格”的研究。另一派就是古典学派。该学派以英国学者Guest、Herriot、Conway、Pemberton等人为代表，强调了要遵循心理契约被提出时的原意，将心理契约界定为是雇用双方对交换关系中彼此义务的主观理解。Herriot等认为最早由Argyris所提出的心理契约是“雇用关系双方，即组织和个体对关系中所包含的义务和责任的理解和感知”。Herriot和Pemberton等也认为心理契约是雇用双方对彼此的关系以及向彼此所提供价值的主观理解。

至今，广义概念和狭义概念两种视角的心理契约研究还在同时进行，然而，事实表明，基于狭义心理契约概念的研究远比广义基础上的研究要多得多，也就是说有更多的学者是支持Rousseau学派的，而且所做的工作大多是属于实证研究。因此，可以说目前Rousseau学派在学界还处于主流地位（魏峰、李燚等，2005）。

2. 心理契约理论研究的新进展

自从心理契约概念被提出来之后，学者们从不同角度对心理契约理论进行了深入的研究，集中的领域主要有心理契约概念研究、心理契约结构维度研究、心理契约的前因及其结果变量研究、心理契约破裂及其违背问题研究等。然而，综观现有的国内外心理契约研究成果，基本上都是将心理契约定义局限在组织内雇员与雇主（或组织）这一狭小的范围内研究。只有少数学者对心理契约的研究与应用领域进行了富有开创性的探索，将对其的研究和应用逐渐扩展到其他领域。由此，一些学者对心理契约概念进行了重新定义，如曹威麟等（2007）认为，从形式逻辑的角度来看，心理契约并非最大的类概念，它只是自己上位母（属）概念“契约”的一个种概念。因此，用属加种差的方法（即种概念=属概念+种差）来给心理契约下定义，才能在符合逻辑规则的基础上，科学、完整地揭示心理契约这个概念应有的本质属性。于是，他们运用思维科学中的逻辑规则和方法，对心理契约现有定义存在的缺陷进行了剖析，认为学界现行的定义存在三大缺陷：一是普遍存在偏离属概念内涵的逻辑错误；二是还存在种差标准不同一的逻辑错误；三是都存在“定义过窄”的逻辑错误。由此，他们根据定义的逻辑方法给心理契约这个概念重新进行了定义，提出所谓心理契约，是指当事人并未通过某种显然的形式直接而明确地进行意思表达，但却通过各种心理暗示的方式，使双方相互感知并认可各自的期望，进而形成的一套隐性权利义务关系的协议。于是，心理契约理论开始由之前的仅局限于组织内部雇员与雇主间关系的研究拓展到组织外部领域的各种关系主体之间的关系研究中，如 Roehling（1997）提出可以将心理契约概念应用到研究各种不同关系之中——佃户和地主、顾问与客户、病人和医生等。Blancero 和 Ellram（1997）则将心理契约引入市场营销研究领域，并将此概念映射到市场关系中，在组织对组织的层面上探讨了供应商和购买商之间的合作关系。罗海成（2003）认为，在关系营销过程中，顾客与企业之间的契约不仅包括简单明了的钱货交易，还可能伴有顾客对企业其他方面的心理期望，这就是企业与顾客之间的心理契约。满足和超越顾客这种心理期望，将能促进顾客信任的建立，并延续企业与顾客之间的关系。此后，Kingshott（2006）也使用心理契约概念分析了渠道中供应商——分销商的关系，并通过实证研究得出心理契约与信任、承诺之间存在显著正相关，进而指出该变量有助于更深入地分析营销渠道关系。王晓娟（2008）则以贵州省湄潭县和山西省浑源县124 户农地流转农户作为调查对象，对农地流转过程中的农户心理契约的类型及其对农户行为的影响进行了研究。蔡文著（2011）则将农户感知的心理契约变量引入渠道关系治理对农户关系行为影响机理的模型中，对农户感知的心理契约在渠道关系治理与农户关系行为影响中的中介效应进行了实证研究。毫无疑问，这些探索与研究成果对于深化心理契约理论的研究空间以及拓展理论应用领域具有极其重要的意义。但总体来讲，现有的探索以及取得的成果还远远不够，无论是从研究数量的规模还是研究质量的要求等方面，都有待更多的学者能加入到对心理契约理论研究探索与创新中来。

（五）研究述评

纵观文献，现有的研究成果对龙头企业与农户合作关系的研究主要是集中在龙头企业与农户之间书面合同的签订以及执行上，对龙头企业与农户之间合作关系治理机制的研究，主要是以传统的正式契约（Formal Contract）与关系契约（Relational Contract）为基础来探讨治理机制与渠道绩效的关系。然而，本书则认为，仅仅关注龙头企业与农户所签订的书面合同是远远不够的，还必须深入地了解那些隐藏在龙头企业代表人与农户心中认为是“不言而喻”或“心照不宣”的契约内容，即“龙头企业与农户心理契约”（Psychological Contract）。根据心理契约理论，虽然它没有写明，但它是影响员工对待组织的态度与行为的强有力的决定因素（Schein，1980；Rousseau，2000）。心理契约破坏（Psychological

Contract Breach）——有的学者称为“心理契约违背（Psychological Contract Violation）”越来越多地被用来解释组织中离职意向增加、组织公民行为的减少、管理欺凌与反生产行为等负面现象（Robinson & Morrison，1995；Turnley et al.，2003；Meuse et al.，2004）。由此可以断言，在对龙头企业与农户合作关系的治理过程中，如果无视或者忽视了龙头企业与农户间存在的心理契约而导致了心理契约破坏或心理契约违背的话，龙头企业与农户间合作关系必将受到负面影响甚至引起关系破裂，进而降低渠道绩效。

因此，当前急需创新渠道关系治理机制，即要在传统正式契约和关系契约基础上，聚焦龙头企业与农户间的心理契约，要以心理契约为基础积极探索和运用心理契约治理机制，以防止心理契约破坏或心理契约违背导致的渠道绩效下降。本书以心理契约的形成、发展与履约或违背的动态发展过程研究为切入点，深入剖析基于心理契约的治理机制的概念、维度、测量等问题，通过选择一批江西省农业龙头企业作为样本中心成员，请其列出与其具有营销合作关系的农户来收集大量第一手数据，进而对心理契约治理机制量表进行探索性与验证性因素分析，以为后续研究提供可靠的测量工具。

四、研究思路与研究方法

（一）研究思路

本书针对以传统正式契约与关系契约为基础的渠道关系治理机制的治理失灵问题，在吸收前人研究成果的基础上，借鉴组织行为学心理契约理论，以深入剖析那些隐藏在龙头企业代表人与农户心中认为是“不言而喻”或“心照不宣”的契约内容，即龙头企业与农户心理契约为基础，创新渠道关系治理机制。

由此，我们按照先探索—后验证、先定性—再定量的总体研究思路，通过探索与剖析心理契约的形成、发展与履约或违背的动态发展过程为切入点，采取访谈、开放式问卷相结合方式收集第一手资料，以探讨心理契约治理机制的概念、维度与测量等，从而试图打开农产品营销中龙头企业与农户心理契约治理机制的“黑箱”。

（二）研究方法

1. 文献研究法

文献检索与研读是所有研究工作必不可少的环节，我们通过文献检索和阅读发现，对心理契约的研究主要集中在心理契约形成后与一些变量的关系，而对于心理契约的形成、发展与违背等动态过程的影响与治理的研究文献还不多。因此，笔者通过大量文献检索和阅读，经过多年的积累，收集了大量国内外有关农户与龙头企业渠道关系治理、心理契约理论研究等相关文献与资料，在此基础上，最终形成了本书的研究主题与研究思路。

2. 访谈法

由于问卷调查法存在只能获得书面的社会信息，而不能了解生动、具体的社会情况等缺点。研究者可以运用访谈法来收集数据，访谈法通过访谈者与调查对象进行面对面的交流与沟通，因此比较灵活，访谈者可针对不同的采访对象选择不同的提问方式、语气和用词等，尤其是对于比较复杂的问题，访谈者还可根据现场回答情况进行延伸与深入访谈，这就更容易获取如问卷调查法等其他调查方法难以获得的信息，从而有利于研究者更充分地了解社会生动、具体的情况。由此，我们通过访谈法来获取大量的第一手信息资料，为本书研究思路的形成以及量表的开发提供了坚实的基础。

3. 问卷调查法

问卷调查法是实证研究过程中采用最普遍的数据收集方法，它是由研究者事先将需要研究的问题编制成调查问卷或采用其他研究者开发的成熟量表作为调查工具，然后根据一定的原则选择被试，并以当面作答、邮寄方式或追踪访问等方式填写调查问卷，从而收集被试对某一现象或问题的看法或意见，以获取所需研究资料或数据的方法。这种调查方法的优点是：它可以不受时空限制，研究者可以在较大范围内、对众多的调查对象同时进行调查，调查效率较高，且调查费时较少、成本较低等。其不足之处是：有时被试对于填写调查问卷缺乏足够的耐心与投入度，由此获取的数据未必能真实地反映其实际的看法或意见，进而就会影响研究结果的可靠性。此外，问卷调查法的有效运用关键还取决于问卷本身的质量、被试的选择以及结果的分析等。本书研究中所使用的因子分析数据就都是通过问卷调查法来获取的。

4. 统计分析法

统计分析法是当前管理科学的主流研究方法，也是国际通用的研究方法。马庆国（2004）认为，统计分析法是指从现实出发，通过统计调查研究方法来获取数据，并通过对所获取的数据资料进行统计分析，进而通过对各变量之间的关系研究，以得出被研究对象的演变规律或者相应的结论和理论。

本书运用的统计分析方法是多元统计分析中的结构方程模型（Structural Equation Modeling，SEM）分析和层次回归分析。其中，结构方程模型是近年来广泛应用于社会及行为科学领域的统计技术，它是用来鉴定关于观察变量和潜变量之间假设关系的多重变量统计分析方法，即是理论模型鉴定的统计方法论。结构方程模型为研究者的量化与理论模型检验提供了包罗万象的方法，允许变量存在测量误差，并且试图更正测量误差所导致的偏差（Biases），既可以对测量模型检验（即验证性因子分析）也可以对理论模型整体结构进行检验。

同时，运用SEM分析法还可将研究中所涉及的潜变量在结构模型中予以反映，由于对这些变量的测量误差在所难免，使用SEM就能同时把测量模型和结构模型放在一个假设模型中进行分析，直接反映出观察变量对整体模型的作用及误差大小。此外，SEM还可以在分析中提供模型修改建议，据此研究者能够显著地提高模型的拟合优度，并有可能为变量间的关系提供新的线索（胡美琴，2007）。另外，我们对结构方程模型进行分析的软件主要是Amos7.0，同时，还运用SPSS13.0进行了信度和效度分析、因子分析等。

五、创新与不足之处

（一）创新之处

1. 开拓性地提出心理契约治理机制模型并对其构成内容进行了研究

针对以传统正式契约（Formal Contract）与关系契约（Relational Contract）为基础的渠道关系治理机制的治理失灵问题，以龙头企业与农户心理契约的形成、发展以及履约或违背的动态发展过程分析为基础，提出并探索了心理契约治理机制的概念、维度及测量等。

2. 开发了心理契约治理机制量表

通过深度访谈与开放式问卷收集资料，对资料进行编码、合并、归类等方法编制初始问卷，进而通过预测试、量表修订、信度与效度检验等步骤开发了心理契约治理机制量表。

（二）不足之处

1. 心理契约治理机制模型还不完善

关于心理契约治理机制概念的提出及其测量模型研究还只是探索性研究。由于目前相关研究较少，更缺少相关的实证研究，需要探索的东西比较多，因此，对于心理契约治理机制及其测量模型的整个研究过程可能比较复杂。由于个人研究水平、时间、精力等的限制，研究过程中对于心理契约治理机制及其测量模型的研究并非是理想的或完善的研究设计，这些都有待后续的研究或其他学者来进一步完善与优化，但并不否定这一概念变量在渠道关系研究中的重要性，这有待在后续的研究中去进一步优化与完善。

2. 被试样本的局限

由于研究时间限制、成本限制以及调研的可行性等，研究的调查样本主要选择在江西省内的南昌县、靖安县、安义县、新建县、湖口县等部分县市，从地域分布范围来看还远远不够，调查的样本数量也不够大，希望以后的研究能够扩大样本的地域范围与样本数量，增强研究结论的一般性和适用性。

第二章　理论基础

一、国内外农产品营销及其发展

（一）国外农产品营销及其发展

国外农产品营销理论的形成基本奠基于美国，19 世纪上半叶，随着美国工业的快速发展，美国农业产业也得到了飞速的发展，由此，造成了农产品生产的严重过剩问题。尤其是美国内战以后，随着美国西部大开发的进行，美国农业生产规模更是进一步迅速增长，如 1850 年，美国农场为 150 万个，农场用地为 29400 万公顷，而到 1880 年，美国农场则迅速增加到了 3400 万个，农场用地也几乎翻了一番，增加到了 53600 万公顷（Ricard & Loseph，1985）。由此，造成美国农产品过剩问题日趋严重，迫使人们不得不开始考虑如何去促进农产品的销售问题，于是，农产品营销理论开始逐步诞生。

综述文献，作为农产品市场营销理论研究的先驱者德国农业经济学家冯·屠能，最早在其《孤立国》一书中对农产品营销诸多问题进行理论分析，如农产品价格形成、运输经济学与市场布局等问题。1901 年，约翰·富兰克林·克罗威尔撰写了《产业委员会农产品分销报告》一文可以说是较早的有关农产品营销的文献，该报告对当时的农产品分销渠道及其农产品收入分配比例等问题进行了详细介绍。之后，学者们对农产品营销问题的研究开始日趋广泛且更加深入，研究成果也日益丰硕。如韦尔德通过对鸡蛋和黄油运输全过程的实地调研，研究重点放在农产品离开农场后的整个营销过程，取得了一系列的研究成果，由此，1913 年，韦尔德开始在威斯康星大学开设并讲授《农产品市场营销》课程，1916 年，他正式出版了《农产品市场营销学》这一著作，可以说，韦尔德为早期农产品营销理论的形成奠定了坚实的基础（王亮，2011）。此后，还有众多学者如本杰明·希巴德、西奥多·麦克林、诺思、萨皮罗、哈罗德·梅纳德、普拉埃斯、威格曼、卡尔·布兰兹、弗拉埃兹·贝蒂等对农产品营销问题进行了深入的调查与研究，并出版了一系列农产品营销理论的著作，为早期农产品营销理论的传播及农产品营销学科的发展奠定了基础。

对农产品市场营销理论的研究热潮随着第二次世界大战爆发而基本被中止了。直到第二次世界大战结束以后，1946 年，美国政府颁布了《研究与营销法》（Research and Marketing Act），由此，推动了美国农产品市场营销理论研究再次走向繁荣，并逐步形成了三个主要的研究流派：一是经营管理学派；二是协调功能学派；三是市场开发学派。

1. 农产品营销理论的经营管理学派

农产品营销理论的经营管理学派侧重微观层面的营销问题，它主要研究微观层次的经营活动问题，包括从农产品的收集、运输、储藏、加工，一直到农产品批发、零售等各个环节。经营管理学派是从农业经营管理学中演变出来的一个分支。因此，这一学派将农产品营销概念主要界定为“从生产者到消费者之间所发生的一切”。代表性的观点主要有：汤姆逊（Thomson）在其 1951 年出版的《农产品营销》一书提出，农产品营销研究应包括所有农产品食物、原料及其派生物从农场转移到最终消费者手里的操作过程，实施这一操作的机构，以及这一转移对农民、中介人和消费者的影响。美国农业经济学家 Kohls 则认为，农产品营销是指从农场到消费者之间的农产品流通过程中的全部商业活动。还有学者主张对农产品营销的定义应该更严谨，如在大城市商店货架上的很多诸如时装一类的这些产品是很难将其看作为农产品的，由此，他们认为，农产品营销应将农产品限定在“实物形态发生转变之前”（Breimyer，1973）。

同时，这一学派主要是采用了新古典经济学分析手段和福利经济学中的效率评价指标来对农产品营销效率和企业目标问题进行研究。最初人们简单地认为效率就是与生产投入有关的产出率，后来人们发现效率其实十分复杂，如一个企业在技术上有效率不等于在经济上有效率；所有企业在生产上都有效率却不等于整个经济在资源配置上有效率。正如 1966 年，Boulding 在美国《经济评论》上发表文章指出：“推理的最大危险是，在一个系统的局部选择最佳状态，而实际上对于整个系统来说并非最佳。”针对这一问题，美国加利福尼亚大学 Franch 教授认为，效率含义随分析终点不同而发生变化，应按照市场层次不同来研究，由此，他针对单个营销企业提出了技术效率、定价效率、市场或产业子系统效率三个层次，这一观点得到了众多学者的认同与采用，还有学者对这种层次划分做了进一步的拓展认为，子系统效率是母系统效率的必要条件而不是充分条件，因为，母系统效率还要受到诸如规模效益、外部效应等其他因素的影响（杜吟棠，1992）。

2. 农产品营销理论的协调功能学派

农产品营销理论的协调功能学派侧重中观层面的营销问题。协调功能学派认为，经营管理学派将农产品营销研究内容仅仅局限于市场的流通功能上，实际上这是把市场当作了一个简单的传送带，然而，事实上市场更本质的功能则是协调资源配置和产品分配问题。协调功能学派主要是运用了产业组织理论方法，来分析农产品市场的协调功能以及相关的制度问题。根据科斯的交易成本理论，在协调资源配置过程中，企业、市场、政府的替代边界是由它们各自的费用比较来决定的。实践中，原美国农业部市场署就将科斯的这一理论运用到了对农产品市场营销中各相关组织的职责界限划分中，他们主张将界限分为：一是农民可以自己做的事情；二是农民可以通过合作，特别是可以通过合作社做的事情；三是必须由政府采取行动做的事情。显然，评价市场功能的优劣就是要对企业、市场、政府等组织协调效能进行比较，也就是说配置效率是评价市场协调功能的重要指标。新古典主义理论认为，当市场是一个完全竞争的市场时，资源配置就可以达到帕累托最优状态，而当市场处于不完全竞争或不同程度的垄断状况时，资源配置就会出现市场无效率。由此，促使了一些学者开始了对市场结构（Structure）、市场行为（Conduct）和市场绩效（Performance）关系（简称为 SCP 分析范式）的分析与研究。一般来说，市场结构决定了市场行为，市场行为又决定市场绩效，但是，市场绩效反过来也会影响市场行为与市场结构。由于农产品营销市场结构的特点是两头分散、中间集中，即农产品生产者与消费者分散，而农产品营销企业集中，因此，运用上述 SCP 分析范式对农产品营销效率进行分析具有重要的意义。由此一些学者提出，农产品市场结构研究应该关注农产品市场的集中程度与纵向联合问题，如加利福尼亚大学 Hirsch 的研究成果表明："农产品营销合作社的各种纵向联合，就可以保持大部分农业产业的活力和竞争性，其潜在结果是较低的营销成本和差价幅度，农民获得的单位产品利润有可能较小，然而他们能够获得的总利润却较大。"（杜吟棠，1992）学者们对市场行为的研究则主要是针对农产品营销企业的行为，尤其是针对农业合作社的行为如合作社的管理技能、合作社的内部激励机制以及合作谈判问题等进行了研究。关于市场绩效的研究，学者们主要是运用了新古典主义的局部均衡模型来进行分析，近年来，又开始使用一般均衡模型来对多部门或总体效率进行评价，而对合作社的绩效问题研究更是引起了众多学者的关注。

3. 农产品营销理论的市场开发学派

农产品营销理论的市场开发学派是"二战"以后在凯恩斯主义思潮影响下，

从商业学科发展起来的一个市场学科的分支，该学派强调的是应该用创造需求的办法来解决农产品的销售问题。该学派认为对农产品营销问题的研究重点应放在：一是对各种农产品分配计划及其效果的分析；二是对消费者偏好分析；三是对推销和促销进行成本—效益分析。其中，对各种农产品分配计划及其效果的分析也即要通过对食品配给计划、食品价格补贴和多元价格系统等的研究，来提高低收入阶层的食品消费水平；对消费者偏好分析也即在对农产品质量、标准、分级、产品差异和替代性等因素进行分析的情况下，估计农产品消费者需求的偏好矩阵以及不同阶层消费者的需求收入弹性；对推销和促销进行成本—效益分析也即对推销成本与效益的关系进行分析，结果发现，产品差别越小，推销的效果越低，需求曲线越容易移动，产品档次越高，推销效果越大（杜吟棠，1992）。

（二）我国农产品营销及其发展

我国对农产品营销理论系统的研究起步较晚，与欧美等发达国家相比有较大的差距。综观文献，我国学者们对农产品营销问题的研究始于20世纪80年代，最初主要是通过对美国、欧洲、日本与韩国等发达国家的农产品营销的理论成果以及实践经验的吸收与学习，以此为基础开始对国内农产品营销实践中的突出问题进行了探索与研究，取得了较为丰硕的研究成果。

1. 对农产品营销竞争优势问题的研究

代表性的理论观点有：提高农业产业竞争力、提高农产品的营销能力、发展特色农产品等是提升农产品竞争优势的重要途径，如刘成玉（2003）认为，农业竞争力是市场农业追求的主要目标，发展特色农业可以显著地提高农业竞争力，特色农业的发展离不开产业化经营，特色资源开发、技术开发、规模化开发和基地化经营、深度市场化开发和成功的资本运作都离不开农业产业化经营。严琳霞、韦明（2005）认为，农产品的营销能力决定了农产品的市场地位和市场份额，从而直接体现了农产品国际竞争力的大小。我国农民、农业加工企业和营销组织没有足够的能力提供国际市场所需农产品，更没有大型的农业跨国公司，自然就无法提高我国农产品在国际市场上的竞争力。他们指出要加强农产品市场营销，提高产品市场营销竞争力。

2. 对农产品营销渠道问题的研究

代表性的理论观点有：农产品营销渠道的概念界定；农产品营销渠道主要经历了农产品运销阶段、中间商销售为主阶段、垂直一体化渠道阶段、以顾客为中心的渠道发展阶段以及渠道整合阶段五个阶段；农产品营销渠道具有渠道结构逐渐短化、渠道系统逐渐一体化、渠道内部关系日益从交易型关系向合作联盟型关系发展等特点。如孙剑、李崇光（2003）认为，农产品营销渠道是为一切促使农产品顺利地被使用或消费的一系列相互依存的组织或个人。它包括供应商、经销商（批发商、零售商等）、代理商（经纪人、销售代理等）、辅助商（运输公司、独立仓库、银行、广告代理、咨询机构等）。

3. 对农产品品牌问题的研究

代表性的理论观点有：构建农产品品牌是提升农产品市场竞争力的重要途径，而构建农产品以及农产品产地品牌需要政府、企业、农户等相关组织协同努力。如李银兰、沈翠珍（2008）认为，政府应当作为农产品产地品牌的组织者、保护者和农产品产地品牌质量标准化体系的建设者，积极探索本地区内土地集中的合法途径，积极支持组建农产品贸易市场，构建农产品公共信息平台，借助大型的展览会或博览会，及时为本地农产品产地品牌进行宣传。

4. 对农产品合作营销问题的研究

代表性的理论观点有：农户与其他经济主体通过联合方式进入市场的营销合作模式，是当前家庭联产承包责任制度下的一种农产品营销创新，是单个农户独立进入市场并有效降低交易费用和提高经济效益的理性选择；农产品合作营销模式主要有“龙头企业＋农户”、“中介组织（合作社、协会等）＋农户”、“专业市场＋农户”等主要形式；农产品合作营销能够有效突破小农户的瓶颈约束，引导和帮助农户实现农产品生产专业化、社会化和集约化；农产品合作营销能够减少中间环节，降低交易费用，提高交易效率；农产品合作营销能够分散风险，提高各个参与主体的经营效益等。如牛若峰（1998）认为，农业产业化经营是以市场为导向，以农户为基础，以龙头企业为依托，以经济效益为中心，以系列化服务为手段，通过实行种养加、产供销、农工商一体化经营，将农业再生产过程的产前、产中、产后诸环节联结为一个完整的产业系统。许庆武（2011）认为，“公司＋农户”或“公司＋基地＋农户”的龙头企业带动型农产品营销合作模式是我国目前发展最普遍的一种农业产业化经营组织模式。孙晓霞（2008）认为，这种龙头企业带动型合作营销模式中的龙头并不必然是一个行业内的“老大”，而是指其具备在一个地区内对农户的带动与引导作用，具体来说这种模式是指以农业品加工、运销企业为龙头，重点围绕一种或几种农产品的生产、加工、销售，以公司或集团企业为主导，通过与农产品生产基地或农户实行有机的联合，进行一体化经营，其中农业龙头企业可以是国有企业，也可以是私人企业、股份制企业等，但必须是从事农产品生产、加工或流通，并以各种利益机制与农户建立联系，从而，使农产品的生产、加工、销售等环节有机结合，实行一体化经营的企业（见图2－1）。

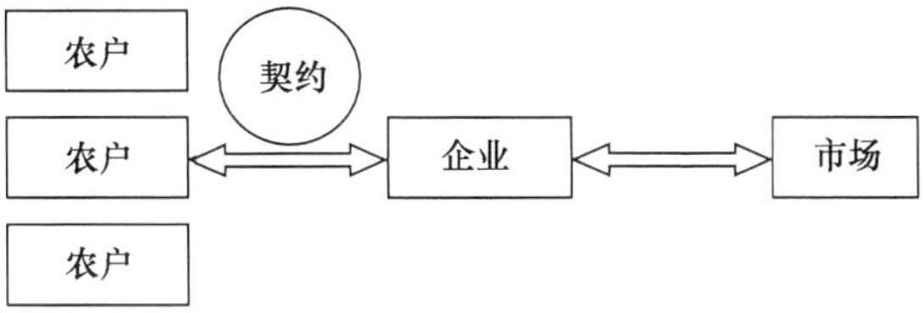

图 2-1 龙头企业带动型

二、渠道行为理论

(一) 渠道及渠道成员

渠道，是营销渠道或者分销渠道的简称，指的是产品由生产者向消费者或用户转移过程中发挥必要功能的组织或个人及其活动。在龙头企业与农户的合作中，农户从事原始农产品生产，企业负责农产品的加工生产、销售、服务等，直接面向市场，两者共同构成农产品的上下游，形成垂直渠道。龙头企业和农户合作过程中的行为必然对整个渠道的绩效产生影响，这也是国内外学者研究的重点。虽然对于渠道的认识存在一定的差异，但是，学者们还是普遍认为：第一，渠道行为讲的是两个或更多的、在渠道中发挥必要功能的企业或个人之间的交互行为，这些企业或个人被称为渠道成员；第二，渠道成员必须是在功能上专业化了的，如专业化为制造商、批发商或零售商，在龙头企业和农户合作中则体现为农户（负责生产）、龙头企业（负责加工、销售、服务），因此成员之间相互依存；第三，渠道成员之间存在一个或多个共同的目标，如他们有共同的最终服务对象，都希望通过合作提高自己的竞争实力；第四，渠道关系指的是组织间的关系，而不是组织内的关系，它发生在不同的法人之间，如龙头企业与农户之间，而不是农户与农户之间（庄贵军，2000）；第五，渠道关系一般是指纵向渠道关系。

(二) 渠道权力

Power 在英文中有权力和力量（或力）两种基本含义。当我们说 Channel Power 时，实际上也有两层意思：一是一个渠道成员相对于另一个或一些渠道成员拥有某种权力；二是这种权力是一种力量，会促使其他成员做一些他们原本不会做的事情（庄贵军，2000）。

EI－Ansary 和 Stern 从政治学视角将渠道权力定义为一个渠道成员对渠道内处于不同层次上的另一个渠道成员的控制力或影响力。当渠道成员 A 使渠道成员 B 干了一件 B 原本不会干的事，我们就说 A 对于 B 有权力；权力的大小（即力量）是由 A 能使 B 干那件事的能力而确定的。在此概念中权力是一种改变其他渠道成员行为的能力，这种能力是一种潜在状态，即拥有权力的渠道成员可能不使用这种能力。因而，有学者认为应当区分实际应用的权力和没有应用的权力，没有应用的权力是一种潜在的影响力，而实际应用的权力则指权力所指向行为的实际改变（张闯，2007）。将渠道权力视为一种潜在状态的另一个重要问题是，当渠道成员 A 应用权力去对另一个渠道成员 B 的行为进行影响时，并不能保证 A 所期望的 B 的行为发生相应的改变，权力对象会根据他们对于权力拥有者所拥有权力的认识而采取抵制或者顺从合作的行动。渠道权力的这种潜在状态及其被感知的效果对于渠道成员之间的互动是非常关键的（庄贵军，2000）。

Emerson 从社会学的角度，在社会交换理论基础上提出权力—依赖理论，在该理论框架中，权力被视为是依赖的函数，或者说权力存在于他人的依赖中，渠道成员 A 对 B 的权力等于 B 对 A 的依赖，并且以这种依赖为基础。斯特恩等学者认为，可以把权力理解为一个渠道成员对另一个渠道成员的依赖程度，因为如果对 A 有所依赖，B 就会改变它通常的行为以适应 A 的需求。B 对 A 的依赖性赋予 A 潜在的影响力，而影响力的大小取决于 B 对 A 的依赖程度。理论上讲，每个渠道成员都多多少少对其他渠道成员拥有一定的权力，因为成为一个渠道的成员这件事本身就意味着这个成员既依赖于别人同时又被别人依赖。依赖别人给别人权力，而被别人依赖又使自己拥有权力。在相互依赖的关系中，权力是交互的。当渠道关系中双方的依赖存在差异时，就会出现权力差异，较少依赖对方的渠道成员拥有权力优势地位，而较大依赖于对方的渠道成员则拥有相对依赖，并处于权力弱势地位。也就是说，由于渠道关系中相互依赖会呈现出不同的结构，作为依赖关系的反映，渠道关系中的权力也会呈现出不同的结构，而这些不同的渠道权力结构则对诸多渠道行为产生了直接的影响。

社会心理学者 French 和 Raven 在社会心理理论基础上提出，渠道成员的权力来自在特定的时点上该渠道成员所拥有的权力基础。这一基础分为奖赏、强制、专长、合法性、认同等。来自奖赏的权力是指某个渠道成员通过向其他渠道成员提供某种利益而对其产生的权力。奖赏权的有效行使取决于渠道权力主体拥有权力客体认可的资源，以及权力客体的信念，即权力客体如果遵从权力主体的要求，就会获得某些报酬。强制是指某个渠道成员通过行使某种强制性的措施而对其他渠道成员产生影响的权力，其前提是渠道权力客体如果没有遵从权力主体的要求就会遭受某种惩罚的心理预期（张闯、夏春玉，2005）。专长是指某个渠道成员通过某种专业知识而产生的对其他渠道成员的影响力，而这种专业知识的存在方式同样在于权力客体的感知。合法性是指某个渠道成员通过渠道系统中的权利与义务关系而产生的对其他渠道成员的影响力，如法律、规范或价值观。认同是指某个渠道成员作为其他渠道成员参照与认同的对象而对它们产生的影响力，其本质是渠道权力客体对权力主体的心理认同，取决于权力主体的声望与地位。此外，拥有某种对于其他渠道成员非常关键的信息也是产生权力的重要基础。

部分学者根据资源依赖理论的观点，认为任何一个企业都不能自给其所需的全部资源（成本过高、效率低下、资源运营困难等），因而一个渠道成员对某种资源的依赖实际上反映了该成员对拥有这种资源的渠道成员的依赖，而渠道成员所拥有的资源则可能被整合或生成各种不同的能力——对渠道成员进行奖赏、惩罚的能力，为其提供专业知识、信息的能力，形成并向其展示该成员所拥有的声誉与形象的能力等（张闯，2007），权力实际上是通过占有和掌握渠道伙伴认为重要的资源所获得的。正是企业所占有的资源的量与质的差异导致了渠道成员之间不同水平的依赖，从而产生了不同的权力关系。

（三）渠道冲突

在渠道行为理论中，渠道冲突一般被定义为渠道成员之间相互对立的不和谐状态。当一个渠道成员的行为或目标与它的合作伙伴相反时，渠道冲突就产生了。渠道冲突是渠道关系中的一种常态，其根源在于渠道成员之间既相互独立，又相互依赖的关系。渠道冲突主要表现为：一个渠道成员正在阻挠或干扰另一个渠道成员实现自己的目标或有效运作；或一个渠道成员正在从事某种会伤害、威胁另一个渠道成员的利益，或者以损害另一个渠道成员的利益为代价而获得稀缺资源的活动（庄贵军等，2004）。

1. 渠道冲突的类型

按照渠道冲突产生的主体，主要分为水平渠道冲突、垂直渠道冲突和多渠道冲突。水平渠道冲突是指同一渠道中，同一层次中间商之间的冲突。垂直渠道冲突也称渠道上下游冲突，是指在同一渠道中不同层次中间商的冲突，如龙头企业与农户这一垂直渠道中，企业抱怨农户交付的产品品质不良、刻意压价等。渠道冲突理论更多关注的是垂直渠道冲突，一是垂直冲突不仅经常发生，而且通过调节垂直渠道冲突能够更好地满足消费者需求，从而提高企业以及整个渠道的竞争实力；二是良好的纵向渠道关系是一个渠道顺利并且有效运行的前提条件，而其关系的好坏取决于双方的行为（包括冲突和冲突的解决）。同时，垂直渠道冲突是相互依赖的渠道成员之间的冲突，也就是说，渠道冲突是建立在渠道成员之间的合作关系基础上的。

部分学者从渠道冲突的发展程度进行研究，将渠道冲突分为潜在冲突（Latent Conflict）、可觉察冲突（Perceived Conflict）和显性冲突（Manifest Conflict）等。潜在冲突是由于各方利益分配不一致的情形引起的，常常以低水平存在，以至渠道成员不能完全觉察到。可觉察冲突是指，当一个渠道成员意识到某种对立存在时可察觉的冲突，如观点、感觉、情感、兴趣和意图等，是一种认知上的对立状态，可以察觉到渠道成员表现出的明显不满和敌意。显性冲突是看得见的，因为它是用行动来表达的。在龙头企业和农户之间，显性冲突直接表现为不履约情况。

可以看出，渠道冲突是一个动态发展的过程，渠道成员对待冲突的态度及解决冲突的方式取决于渠道成员间过去的关系。大量感觉性冲突和显性冲突在同一渠道关系中反复发生时，渠道成员对新冲突事件也会充满敌意和不满，而不是采取积极的态度去解决冲突，反之，如果渠道成员之间有过愉快的合作经历，当新的冲突事件发生时，渠道成员会本着维持良好的渠道关系的态度，忽略冲突或者用积极的态度去解决冲突。可以说，在渠道成员的合作过程中，应当建设良好的渠道关系，有利于提高整个渠道的绩效。

2. 渠道冲突的原因

渠道行为理论认为，渠道冲突产生的原因主要分为角色对立、资源稀缺、感知差异、期望差异、决策领域分歧、目标不一致、沟通障碍等。角色是对各个渠道成员在渠道中应该发挥的功能和行为范围的界定。由于渠道是由功能专业化的渠道成员构成，每一个渠道成员都必须承担它所应该执行的任务，任何一个渠道成员偏离了自己的角色范围，都可能造成渠道成员之间的对立，从而产生渠道冲突。在渠道运行过程中，渠道成员为了实现各自的目标，往往会在一些稀缺资源的分配问题上产生分歧，从而导致渠道冲突。感知是指人对外部刺激进行选择和解释的过程，由于背景、知识、个性等方面的差异，人们在对相同刺激物的感知方面存在着差异。在渠道中，龙头企业和农户对于同一事物的解释和态度存在差异甚至大相径庭。渠道成员往往对其他成员的行为有所预期，并根据这种预期采取相应的行动。而当这种预期存在偏差或者是错误的时候，该渠道成员就可能采取错误的行动，导致其他渠道成员采取相应的行动，从而引发渠道冲突。由于在渠道系统中都承担着特定的职能，因而每一个渠道成员都有一个属于自己的决策领域，而当渠道成员认为其他渠道成员侵犯了本来应该由它进行决策的领域时就会发生冲突。虽然渠道系统使渠道成员有一个共同的目标（如满足共同的最终顾客的需求），但是，在渠道系统内各渠道成员都是独立的经济组织或个人，因而都有自己相对独立的组织或个人目标，并企图实现目标。因此，当各渠道成员的目标出现不一致甚至矛盾时就会产生冲突。沟通是渠道成员之间相互了解、化解误解的重要手段，当某个渠道成员不向其他渠道成员及时传递重要信息，或在信息传递过程中出现失误或偏差，从而不能准确地传递、理解信息甚至故意隐瞒对其他渠道成员不利信息时，渠道冲突就产生了。

在龙头企业和农户合作过程中，渠道冲突主要表现为显性的不履约或违约以及隐性冲突（情绪上敌对、采取消极态度等），而这一冲突主要是由于利益分配、感知差异、期望差异、目标不一致以及沟通障碍。渠道冲突实际上是"功能性相互依赖"这同一枚硬币的另一面。当功能性相互依赖为渠道成员提供了合作的必要性时，它也同时播种了冲突的种子。合作意味着两个独立个体的协调行动；既然是两个独立的个体，那么就不免在目标、角色、意识和资源的分配等方面存在利益上的差异和矛盾。这些差异和矛盾就是潜在的冲突。当然，潜在的冲突不一定表面化；潜在冲突的表面化需要一定的条件（庄贵军，2000）。冲突也不一定都是坏事，因为没有冲突往往意味着没有合作。

渠道冲突可能产生以下结果：进一步强化渠道关系的统一性或渠道成员对系统的凝聚力。这种冲突一般称为良性冲突，指对渠道关系的提升具有建设性的低水平冲突。这种冲突使渠道成员更经常、更有效地交流；设置表达不满的途径；批判地评价渠道成员过去的行动；设计与实施更公平的系统资源分配方案；在渠道关系中建立更平衡的权力分配方案；开发出应付未来冲突并使其不超出一定限度的标准方法。渠道成员通过解决冲突消除误解、加深对渠道伙伴目标的理解、促使双方进行深度沟通，这显然有利于提升渠道关系质量和渠道绩效。渠道成员的冲突行为有可能使渠道成员之间的关系进一步恶化，同时可能因找不到满意的解决办法，从而导致一部分渠道成员脱离系统甚至使渠道系统解体。由于每个渠道成员的能力存在差异，或者说每个渠道成员对渠道系统的依赖程度不同，在表面上看不到明显的渠道冲突行为，渠道系统也可以正常运行，但这并不意味着渠道成员之间的矛盾已经解决了或冲突已经不存在了。当导致冲突发生的原因反复出现或持续存在时，那么将冲突行为潜在化的渠道成员的不满程度会逐渐增强，最终可能使破坏性的冲突行为表面化，而这种长期潜在化的冲突行为一旦转化为现实性冲突行为，其激烈程度往往会超过直接发生冲突的激烈程度（夏春玉，2004）。

如上所述，渠道冲突是不可避免的，同时渠道冲突是一个过程，从动因到行为再到结果，因而在这一过程中，我们可以通过宣传与教育活动、说服、提高信息准确度、协商、联合等，建设良好渠道关系，将渠道冲突控制在对渠道系统无害的水平上。

（四）渠道合作

渠道合作即渠道成员之间的合作，意指渠道成员之间为了共同及各自的目标而采取的互利性行动和意愿。渠道合作根源于渠道成员之间的相互依赖性，而相互依赖性则是渠道成员功能专业化的结果。

在渠道功能非专业化的经济中，所有的生产者或服务供应者都只能将其产品或服务直接出售给最终消费者，就像人类早期的生产者所做的那样。在这种情况下，他们不需要与其他人或组织合作，因此渠道合作也不存在。然而，随着人类社会的发展，出现了社会分工、专业化和市场交换，尤其是出现了商业，这种直销的交易方式变得越来越不经济，尽管还在使用，但其重要性在各种各样的渠道中却一直在下降（庄贵军，2000）。渠道功能专业化是通过专业化充分发挥自己的优势，获得在某一功能上的规模经济。但是，功能专业化也将生产、再生产过程割裂开来，任何一个企业都难以高效率地完成生产过程所要求的每一个环节，这就产生了一个企业对于其他企业的依赖。而且，它所依赖的企业也同样要依赖别的企业才能完成再生产过程。所以，渠道中企业之间的依赖是相互的，龙头企业与农户之间也同样如此。

相互依赖性成为渠道成员之间合作的基础或根源。一般而言，互依性越强，合作的基础越扎实，在其他情况相同时，合作程度就越高。互依性消失了，合作的基础就没了，合作也会随之消失。这就使他们为了实现自身的目标必须先实现他们共同的目标。如 Stern 和 EI – Ansary（1992）所言：“（渠道）成员被推入彼此依赖的关系中，因为他们需要资源——不仅仅是资金，还有专业化技巧、进入某一特定市场的能力以及与此相似的其他要素。为了完成渠道的任务，渠道成员在功能上的相互依赖性要求他们进行最低限度的合作，否则，渠道便不可能存在。”

三、营销渠道管理理论

（一）渠道投机行为

渠道投机行为是指渠道成员隐瞒真实信息或者报告虚假信息而逃避自身责任或故意不履行自己的承诺和义务等行为（刘益、曹英，2006）。很多学者的研究结论及实践结果证明，渠道投机行为的发生不仅会损害合作成员的利益，同时也会给双方长期的合作关系带来不良影响（Romar，2004），渠道成员的投机行为一旦发生，那么将不得不用很多资源来治理这种损害双方利益的行为（高维和、黄沛等，2006），同时这种行为会降低渠道成员对合作关系的预期和满意度（Wuyts & Geyskens，2005）。在非一体化渠道中，功能上相互依赖的渠道成员都是寻求各自利益最大化的独立企业或个体，这使得为了追求自身利益而有损渠道伙伴或整个渠道系统的渠道投机行为成为渠道管理中非常普遍且难以避免的问题。

Williamson（1975）将渠道投机行为划分为事前投机行为和事后投机行为，其依据为是否签订合约。一是在渠道关系建立之前或关系的建立阶段的投机行为，渠道成员中的一方通过某些方式传达错误信息，如经销商为了获得经销权而故意夸大其在区域市场上的销售能力；二是在交易关系建立以后发生的投机行为，如窜货，经销商从供应商处获得了营销经费但却用于其他供应商产品的销售（即资金体外循环），供应商为了让经销商接受其新产品许诺将给予大力度的营销支持，却在经销商接受了产品以后不兑现承诺等。营销学者Wathne和Heide（2000）根据投机行为发生的环境（现有环境和新环境）、投机行为的特点（主动和被动）两个维度对营销渠道中的投机行为及结果进行分类。其中，环境指渠道关系所处的外部环境，当这些环境要素发生较大的变化时，称为新环境，否则称为现有环境。被动是投机者为了规避成本、获得收益而有意隐瞒一些信息、规避应该承担的某些义务等行为；主动是投机者为了获取收益而有意主动去实施的行为。不同的投机行为对投机者、渠道伙伴以及整个渠道系统的成本与收益都会带来不同的影响（见表2-1）。

表2-1 渠道投机行为的分类

		环境	
		现有环境	新环境
行为	被动	逃避 成本结果：投机者短期成本降低；渠道伙伴长期成本增加 收益结果：渠道伙伴和整个系统长期收益降低	拒绝调整 成本结果：很小 收益结果：投机者短期收益增加，渠道伙伴和投机者的长期收益降低
	主动	侵害 成本结果：渠道伙伴长期成本增加 收益结果：投机者短期收益增加，渠道伙伴和整个系统长期收益降低	强制让步 成本结果：渠道伙伴长期成本增加 收益结果：投机者短期收益增加，渠道伙伴和投机者长期收益增加

资料来源：张闯．营销渠道管理［M］．沈阳：东北财经大学出版社，2012.

当交易环境没有变化时，投机者的逃避行为主要表现为逃避或推脱应该承担的责任和义务；当交易环境发生变化时，投机者的被动投机行为主要表现为缺乏对应对环境变化的弹性，或者不愿意针对环境的变化而进行相应的调整，这使得投机者在短期内由于没有承担额外的成本，其收益水平可能会有所改善，但由于投机者的拒绝调整可能会使渠道关系在未来难以适应环境的变化，从而使得渠道关系的竞争力被削弱，不利于渠道伙伴及其整个系统的长期收益；现有交易环境下的侵害行为是指渠道成员实质性地实施了一些渠道关系中明文禁止或者虽没有明确说明但在习惯或规范上禁止的行为，如窜货行为；当交易环境发生变化时，投机者可能会利用新的交易环境而向其他渠道伙伴要求更多的让步与支持，这种投机行为称为强制让步。

投机行为的主要表现形式就是违反合约，包括显性契约和隐性契约，追求自身利益最大化（短期收益），甚至不惜牺牲其他渠道伙伴的利益来达到目的。

（二）渠道关系治理

农户与龙头企业体现的是组织间的关系，即营销渠道纵向关系。在这种渠道关系中，由于各个渠道成员在其目标与利益等方面均存在差异，因此，双方在交易过程中必然会有可能发生渠道冲突和机会主义等行为，如果不对营销渠道中的这种冲突与机会主义行为进行有效的管理，则有可能导致交易费用太高而使双方关系终止。所谓营销渠道管理，就是通过对营销渠道关系进行相应的治理以解决渠道冲突和防范渠道机会主义行为。因此，营销渠道管理主要是渠道关系治理。

Heide（1994）认为渠道治理是指渠道交易的制度安排，渠道治理机制包括多个维度，其中既包括对交易关系建立、维持与结束过程中关系组织与协调要素的考虑，也包括在交易关系维持过程中监督、执行等渠道关系的控制机制。他将渠道关系治理分为市场治理与非市场治理两种基本形式。市场治理最显著的特征就是以短期的市场交易为基础，而非市场治理则是以科层制度或具有科层制度特征的一体化渠道和以双边关系为基础的治理形式。同时，根据渠道双方是否共同参与渠道关系的决策为基础，将非市场治理分为单边治理与双边治理两种形式，合作、伙伴型营销渠道属于双边治理形式。渠道治理机制可以调和渠道成员之间的相互冲突或不同利益，采取联合行动，这得益于渠道成员自觉地遵守正式制度、惯例的过程，更得益于符合渠道整体利益的各种非正式制度安排，如权力、信任、价值观、伦理道德和习俗等。

Weitz 和 Jap（1995）在区分市场与科层机制两种治理机制的基础上，重点对非一体化渠道结构中的治理机制进行了分类，提出了三种渠道治理机制，即权威治理、合约（契约）治理和规范（关系）治理（见表 2 - 2）。权威治理机制是渠道成员依靠渠道权力对渠道伙伴的行为进行协调与控制。合约治理机制是渠道成员通过签订明确双方权利和义务的协议进行渠道活动，在非一体化渠道中，契约的形成可能是由一方制定，另一方接受。规范治理机制是通过关系双方所默认的规则或行为规范来协调、控制关系双方的行为活动。在一体化渠道中，这些规范主要体现为企业文化，而在非一体化渠道中，规范主要表现为在不断互动过程中发展出来的为渠道关系双方所共享、共同遵守的一系列行为规范。

表 2－2 渠道治理的三种机制

治理机制	权威治理	合约治理	规范治理
一体化渠道（公司渠道）	规则、政策与监督	激励型补偿（报酬制度与激励机制）	组织文化
非一体化渠道（关系型渠道）	渠道权力	契约条款与条件	关系规范

资料来源：庄贵军，周筱莲，王桂林．营销渠道管理［M］．北京：北京大学出版社，2004.

其中，渠道权力作为一种有效的渠道控制机制需要一个基础，即渠道关系中的权力结构是不对称的，即一方可以主导另外一方，并且渠道权力的应用可能带来积极的结果，如渠道协调水平和绩效水平的提升，也可能带来消极的效果，如渠道冲突的加剧。根据交易成本经济学有限理性的假设，人们永远无法预知未来可能发生的情况，因而契约也不可能是完备的。但当面临着比较大的交易风险时，由于在契约履行环节更可能出现投机行为等问题，从而为交易方带来损失，因而渠道成员更愿意花费时间与成本来签订一个更具体、明确的契约以减少未来可能发生的较高的交易成本。同样，根据交易成本经济学，契约的签订并不是没有成本的，其包括事前交易成本（收集信息、识别与勾画未来可能发生的情况、契约的起草与签订等）和事后交易成本（在契约执行阶段产生的对绩效不利产生的各种问题而导致的交易成本）。规范治理又称关系治理，是一种可以提高交易绩效的内生机制，嵌入在社会关系的背景中，而不是简单地将其诉诸契约或第三方。因而关系治理必须考虑本土视角，即中国文化。

部分学者认为，中国人在处理不同人际关系时遵循着一些行为规范，这些行为规范是在长久的历史传承中为整个社会所接受并对人们的行为产生影响力和约束力的规范，主要在人情法则、面子、“报”的规范等方面。学者们认为鉴于人际关系在中国社会的基础性地位，其对企业间的商业交易活动必然也会产生影响，人际关系是建立与维系企业间交易关系的基础，能拓展交易范围的互惠网络、降低交易成本，并能作为解决冲突的机制和信用保证。

在渠道关系治理研究中，学者们普遍认为渠道成员在目标、利益等方面存在差异，导致渠道冲突和渠道投机行为，影响渠道绩效和成员利益。因此，有必要通过权威、合约、规范等多种渠道治理机制进行渠道关系管理，以建立和维持高质量的渠道关系。

四、心理契约理论

自20世纪90年代以来，关于心理契约的研究成为理论界研究的一个热点问题。学者们普遍认为心理契约在当代雇用关系中起着越来越重要的作用。他们认为，心理契约可以降低员工对工作的不安全感，因为正式契约（书面契约）不可能涵盖雇用关系中的每一方面，而心理契约可以对正式契约未能涵盖的方面进行约定。

心理契约这一概念最早由心理学家 Argyris（1960）提出，他在《理解组织行为》一书中用心理的工作契约（Psychological Work Contract）一词来说明雇员与主管之间的关系。他认为既然主管采取积极的领导方式，员工就会有最优的产出，而且员工一旦接受这种方式，那么在员工和主管之间就发展出一种心理上的工作契约。在这一前提下，如果主管采取尊重员工的非正式文化态度，那么员工就会表现出较少的抱怨，维持较高的生产效率。但是 Argyris 未对心理契约做出明确的定义。Levinson 等（1962）通过对 874 名员工的面谈资料进行分析后，提出心理契约是组织与员工之间相互的期望，尤其强调那些隐含而影响了两者关系的期望。Schein（1965，1978，1980）认为心理契约是决定组织行为的重要因素，是存在于组织成员与其他人之间的一系列不成文的期望，包括员工对组织的期望和组织对员工的期望。Kotter（1973）认为心理契约是个人期望组织付出和从组织中得到的内容及组织期望个人付出和从个人中得到的内容，是一种个人和组织之间的内隐性协议。Herriot 和 Pemberton（1995）认为，心理契约是双方对雇用关系的感知，在这种关系中包含双方的义务，心理契约就是双方这种感知的实现过程。这些代表学者构成了心理契约的古典学派，他们普遍认为心理契约是存在于雇用双方之间的期望，即关于员工和组织相互之间责任与义务的期望。古典学派对心理契约的理解基本倾向于“存在于雇用双方之间的一种未书面化的契约（Unwritten Contract）、内隐契约（Implicit Contract）等。对于心理契约的签约主体，该学派认为存在两个感知主体：员工个人和组织，组织要求员工在绩效等方面履行相关的义务，与此相应的是组织要满足员工多种不同的需要。心理契约约定的义务内容包括工作内容、工作安全、职业训练与发展、奖励与福利、未来职业前景等（Herriot，1995）。我国学者丁荣贵等（2002）认为心理契约是指一系列相互的心理期望，这些期望是契约双方相互知觉但非明确表达的。李原（2002）认为，心理契约不仅具有期望的性质，还包括对责任和义务的互惠承诺，它包括的内容是员工相信他们有资格而且应该得到的东西。

20 世纪 80 年代后期，对心理契约概念的理解进一步深化，出现了以 Rousseau、Robinson、Morrison 等为代表的 Rousseau 学派，也被称作心理契约的现代流派。Rousseau（1989）发表《组织中的心理与隐含契约》，认为心理契约是员工与第三方在互惠交往中以双方所做出或暗示的承诺为基础的主观信念。Robinson 等（1994）进一步指出这种信念员工对自身贡献和组织诱因之间交换关系的承诺的理解和感知，其中贡献包括外显和内在贡献如努力、能力、忠诚等，组织诱因则包括报酬、晋升和工作保障等。当员工个人相信自己对组织的付出一定会得到组织合理的回报时，信念就形成了心理契约。这种理解将心理契约转向了心理契约的个体层面，强调员工个体对组织责任和自身责任的感知。Robinson 和 Morrison（1997）对心理契约概念进一步予以明确，将其定义建立在对承诺的主观理解基础上的员工对其与组织之间的相互义务的一系列信念，但组织或者其代理人并不一定会意识到这些信念。在 Rousseau 的心理契约概念里，组织作为一个抽象的系统已不再作为缔结心理契约的一方，其缔约方的主动地位已被每个员工个体内化为一种主观认识中的模塑物，即组织由一种客观存在，变化成多个具有明显差异的个体感觉物。在这种情况下，组织对员工的义务要求变成了员工个人的主观判断，而此时组织的作用在于为员工个体的这种判断提供了相应的背景和环境（Rousseau，1995）。Rousseau 学派将心理契约理解为只是员工个体对双方互惠交往关系中彼此义务的主观理解。而古典学派则将其认为是员工和组织双方对互惠交往关系中彼此义务的主观理解。两者之间最大的分歧在于对心理契约主体的定义以及心理契约内容的限制条件不同。

另外，学者们在心理契约的类型与内容、结构等其他方面也进行了大量研究。Macneil（1985）提出了交易—关系二维度契约结构模型。交易维度由具体、短时、有形的相互责任构成，在交易型契约中，组织明确地或内隐地对员工承诺将根据其完成的任务提供货币报酬；关系型契约则由广泛的、长时间的、开放性的相互责任构成强调员工和雇主之间的社会—情感的交互作用。1990 年，Rousseau 通过对 129 名 MBA 毕业生心理契约的 7 项组织责任和 8 项员工责任进行维度分析，提取出了两组典型变量：第一组变量主要是反映员工以加班、职责外工作为代价来换取组织的高额报酬、绩效奖励、培训和职业发展等，显然这是以经济交换为基础的契约关系，可称为交易型契约；第二组变量主要是反映员工以长期工作、忠诚和愿意接受内部工作调整等来换取组织长期工作保障等，显然这是以社会情感交换为基础的契约关系，可称为关系型契约。1993 年，Rousseau 和

Mclean 认为心理契约虽存在很大的个体性和差异性，但基本上仍可将其分为交易型心理契约（Transactional Psychological Contract）和关系型心理契约（Relational Psychological Contract），并指出了这两类契约在关注点、时间框架、稳定性等方面存在的差异（见表 2 -3）。

表 2 -3　交易型心理契约与关系型心理契约的差异

差异	交易型心理契约	关系型心理契约
关注点	追求经济的、外在需求的满足	追求社会情感方面需求的满足
时间框架	有一定期限	追求长期保持关系
稳定性	稳定的，表现为刚性	动态可调整性
范围	很少涉及员工的个人生活方面	较多涉及员工的个人生活方面
明确性	员工责任界定非常明确	员工责任界定不十分清晰

资料来源：Rousseau 和 Parks（1993）

1995 年，Rousseau 根据雇用期限（Time Framework）和绩效要求（Performance Requirements）两个维度，两两配对把心理契约划分为四个类型：交易型、过渡型、关系型和平衡型（见表 2 -4），2004 年，Roussean 的研究中取消了过渡型心理契约，她认为心理契约只存在三个类型：交易型、关系型和平衡型。

表 2 -4　心理契约的分类

		绩效要求	
		具体明确的	不具体明确的
雇用期限	短期的	交易型（Transactional） 特点：低工作模糊性 高流动率 低员工承诺 低组织认同	过渡型（Transitional） 特点：高工作不确定性 高不稳定性 高流动率
	长期的	平衡型（Balanced） 特点：高员工承诺 高组织认同 不断开发 稳定性	关系型（Relational） 特点：高员工承诺 高情感投入 高组织认同 动态性

1996 年，Rousseau 和 Tijorimala 以美国注册护士为被试进行研究，指出当组

织的环境强调的是人际配合、团队取向时，除交易维度和关系维度外，还有团队成员维度，即心理契约三维度结构。其中交易维度依然强调具体、有形、当前利益的相互交换；关系维度界定为雇用双方（团队与成员之间）相互支持与信赖，承担长久的、开放性的责任；团队成员维度具体指的是员工与组织彼此在事业发展上承担责任。

我国也有很多学者对心理契约进行了研究，不仅有对理论方面如心理契约概念、结构、维度等的研究，同时也有实践研究如心理契约在组织员工激励、学生管理、人才激励、劳资关系、高校教师激励等方面的运用研究。陈加洲等（2001）认为心理契约是组织和员工双方感知和观念化的责任，分为现实契约和关系契约两个维度。王重鸣等（2003）对中国企业员工的心理契约结构进行研究，发现了双层次多维度心理契约结构。双层次是指员工对自己权益的期望和自己对企业应尽义务的认知，多维度是指员工在两个层次都有不同的心理契约维度，包括组织支持、参与管理、内部发展与外部发展四个因素。罗海成和范秀成（2005）以心理契约的视角对服务业的关系营销进行了实证。谢发胜（2006）对408名职业经理人的研究得出了组织责任和员工责任都为四维的心理契约结构，分别为交易因素、发展因素、情感因素和管理因素。姚辉（2010）对中国员工职业生涯阶段的心理契约进行了研究。

心理契约最初是为了强调在员工与组织的相互关系中，除了正式的雇用契约规定的内容外，还存在着隐含的相互期望和相互理解，它们同样是决定员工行为的重要因素。自20世纪60年代初，心理契约的概念引入管理领域起，心理契约已在管理领域得到广泛运用。随着心理契约理论的发展，心理契约理论已不再单纯运用在人力资源领域的员工—雇主关系管理上，还拓展到组织外部各交易主体的关系研究中。

五、组织支持理论

1986年，美国心理学家Eisenberger等（1986）认为学术界过于关注员工对组织的承诺（Employees' Commitment to Organization），而忽视了组织对员工的承诺（Organization's Commitment to Employees）。于是，基于社会学中的社会交换理论（Social Exchange Theory），他们提出了感受组织支持（Perceived Organizational Support，POS）这一概念，并将其定义为员工感受到的组织珍视自己的贡献和关心自己福利的程度，以此用来表示员工感受到的组织对自己的承诺。埃森伯格等在提出 POS 的概念后，紧接着就对这一概念的测量进行了研究，为此他们开发了一个包含 36 个项目的感受组织支持调查表（Survey of Perceived Organizational Support，SPOS），以李克特 7 级量表进行测量。同时，埃森伯格等（1986）还对 POS 的影响变量进行了检验，通过对 71 名私立高校老师的调查发现，POS 可以降低老师们的旷工率，但 POS 和旷工率之间关系的大小取决于老师们交换意识的高低，按照分值的高低将老师的交换意识分为高、中、低三等，研究结果发现：高交换意识老师的 POS 与旷工率显著相关，中等交换意识老师的 POS 与旷工率也显著相关，但低于前者，低交换意识老师的 POS 与旷工率不显著相关（周明建，2005）。

感受组织支持若能满足雇员的社会情感需求，提供给雇员加倍努力将获得奖励的信号，并为有效开展工作而给雇员提供帮助，就将被视作是有价值的。Aselage 和 Eisenberger（2003）的调查分析表明感受组织支持的三个前提因素包括：一是组织回报和工作环境。是指组织首先应给员工提供良好的报酬因素以及工作环境，对此调查也找到了与感受组织支持正相关的报酬因素和工作环境，如允许雇员做扩展技能的实践、工作实施过程中工作方式的自主选择，受到高层管理者的注意和赏识等。二是感受管理者的支持。是指雇员能感受到管理者关心他们，认为他们的贡献有价值。管理者扮演着公司代表的角色，他们经常负责评估雇员的绩效，与雇员交流公司的目标和价值观。这样，雇员就把管理者对待他们的情况看成是组织支持状况的暗示。另外，一份调查表明感受管理者的支持可导致感受组织支持，反之不成立。三是程序公正。涉及正式组织政策和分配资源过程中的公平。Shove 认为公正对待的理解来源于组织所做的一些特殊决定，如增加工资。Shove 表明雇主反复感受到公正对待，这将促进感受组织支持。通过提倡牟取私利而试图影响他人，经常会以牺牲个人、组织利益为代价，这与可感受组织支持负相关（申学武，2005）。

Eisenberger（1990）指出，通过满足社会情感需要，感受组织支持将增加雇员对组织的贡献。Rhoades 等（2001）通过长期的小组调查发现感受组织支持影响着雇员的有效贡献，但雇员的有效贡献不影响感受组织支持。此外，Rhoades 指出感受组织支持调节着主要的工作经历和奉献之间的关系。考虑到绩效回报的期望，Eisenberger 发现感受组织支持表明，组织注意到并且愿意给努力工作的员工回报来帮助组织取得成功。调查表明感受组织支持与绩效回报间存在着正相关关系。责任感、奉献、绩效回报期望将促使雇员采取对组织有利的行为。Rhoades和 Eisenberger 的统计分析发现，感受组织支持与雇员的绩效正相关，与缺勤、拖延、离职等行为负相关（申学武，2005）。

六、沟通理论

沟通在古汉语中的原意为两水通过开沟使其相通，在英文里是 communication 最初源于拉丁文 communicare，含有公开、公众、让大家都知道的意思。此外，还有多种含义，如传播、传达、通信、联络、磋商、对话、谈判等。《大英百科全书》将其解释为“用任何方法，彼此交换信息”；《美国传统双解词典》解释为“交流、交换思想、消息或信息，如经由说话、信号、书写或行为”；《新编汉语词典》解释为“使双方能通连”。Greenbaum（1974）认为组织沟通由各种信息传递和接受氛围组成，影响正式的社会单元中的个体朝着组织共同目标去工作。Conard（1974）认为组织沟通是发生在组织内的沟通。组织沟通包括组织内部、组织与外部沟通两个方面。组织内部沟通主要是指上下级之间、同事之间以及员工与组织之间的沟通；组织外部的沟通主要指与顾客、客户和其他组织之间的沟通（季晓芬，2008）。组织沟通就是指存在于组织中的沟通行为。综观文献，管理领域里的沟通基本上都是作为组织的一个变量进行研究，即学者们针对沟通研究的着眼点是组织沟通。

沟通是一个过程，而非稳定的组织变量，所以很难测量。通过文献回顾可以发现，关于组织沟通比较系统的维度分析和测量方法很少，只有 Roberts 和 O’Reilly（1974）开发的组织沟通问卷得到了后人的广泛认可（Muchinsky，1977），后续研究者直接采用此问卷或者根据自己研究内容在此问卷上稍作修改而成。Roberts 和 O’Reilly（1974）的组织沟通问卷由 16 个维度包括 35 项测量条款构成，具体如下：员工对上级的信任（3 个条款）；上级对员工的影响（3 个条款）；员工流动性（2 个条款）；沟通欲望（3 个条款）；向上沟通（3 个条款）；向下沟通（3 个条款），水平沟通（3 个条款）；沟通准确性（3 个条款）；沟通概括性（3 个条款）；信息把关（3 个条款）；信息过量（1 个条款）；沟通满意度（1 个条款）；书面沟通（1 个条款）；面对面沟通（1 个条款）；电话沟通（1 个条款）；其他（1 个条款）。可见，从问卷构成可以发现他的测量涉及了沟通维度、沟通频率、沟通方向以及沟通结果等，为后人的进一步研究打下了基础（季晓芬，2008）。由此，他们利用此问卷对于来自医院、企业、金融机构等多个行业的样本进行了实证研究，发现可以通过这些沟通指标来区别不同的组织。

第三章　我国农业龙头企业与农户合作产生及发展现状

一、我国农业龙头企业与农户合作产生的背景

我国是一个农业经济大国，农村人口众多，一直以来农村人口占到全国人口总数的一半以上。据统计，1949 年，总人口 54167 万人，农业人口 48402 万人，占 89.4%；1952 年，总人口 57482 万人，农业人口 50139 万人，占 87.2%；1958 年，总人口 65994 万人，农业人口 54704 万人，占 82.8%；1978 年，总人口 96259 万人，农业人口 79014 万人，占 80.08%。可见，在我国改革开放前农村人口一直都占到了人口总数的 80% 以上，随着我国改革开放政策的不断深入以及我国工业化、城市化进程的不断加快，农村人口所占比重开始逐步下降，据统计，到 1999 年，我国总人口 125786 万人，农村人口 82038 万人，占 65.2%，2000 年总人口 126743 万人，农村人口 80837 万人，占 63.8%，2001 年总人口 127627 万人，农村人口 79563 万人，占 62.3%（陆学艺，2007），而据 2010 年第六次全国人口普查主要数据公报显示，我国全国总人口为 1370536875 人，而居住在乡村的人口为 674149546 人，占全国总人口数的 50.32%。显然，在当前我国工业化、城市化迅猛发展的今天，在我国经济发展取得巨大成就，GDP 总量已位居世界第二的今天，农村人口仍然占有如此大的比重是与我国工业化发展规律不相符的，一方面是如此大量的农村人口，另一方面是农村耕地等主要生产资料严重不足，这也是当今导致我国农民问题严重的根源。

另外，农业生产经营体制是否与农村生产力发展相适应对于农村经济社会发展是重要的影响因素，回顾新中国成立以来我国农业生产经营体制的发展历程，其大体经历了以下四个重要的发展阶段。

第一阶段：1949～1952年的土地改革阶段。新中国成立以前，在老解放区和半老解放区已经进行了部分土地改革，新中国成立后，1950年6月4日，《中华人民共和国土地改革法》经中央人民政府颁布实施，轰轰烈烈的土地改革运动在全国正式展开，被地主、富农等拥有的7亿多亩土地及其他生产资料均被分给了3亿多无地或少地的农民，通过土地改革实现了广大农民梦寐以求的“耕者有其田”的基本目标，这一阶段，实行的是土地私有制，农户家庭成为农业生产经营的主体，土地改革彻底推翻了长期统治和压迫中国人民的封建地主所有制，充分调动了农民进行农业生产的积极性，农业生产经营取得了极大的发展（梁涛，1992）。1952年全国粮食产量就超过了民国时期的历史最高产量，为新中国财政经济状况的好转以及工业化发展奠定了基础。

第二阶段：1953～1957年的农业合作化阶段。事实上从新中国成立初期就开始了对农业生产资料的私有制社会主义改造，即在1951年9月中央制定了《中共中央关于农业生产互助合作的决议（草案）》，并开始在部分地区试行农业生产互助合作社，到1952年底，全国共有互助组8万多个，初级农业生产合作社3000多个，高级农业生产合作社10个，40%多的农户已加入农业生产互助合作社。到1953年2月中央《关于农业生产互助合作的决议》正式推出，农业生产合作社由最初的个别试办进入到在全国农村普遍推行的阶段，其间农户从劳力和生产资料使用换工的互助组阶段进入到以土地作股入社，全社统一生产经营，农民参加集体劳动，采取按劳分配与土地分红相结合的收益分配方式的初级合作社阶段，再发展到农业生产资料以折价方式卖给集体，土地无代价归为集体所有，并实施统一生产经营，统一按劳分配的高级合作社阶段。仅短短的三年时间，全国参加初、高级合作的农户就占到当时全国总农户的93.3%，而参加高级合作社的农户则占到全国总农户的87.9%。显然，通过农业合作化的方式迅速实现了我国农村土地制度由私有私营到私有公营再到公有公营的转变，标志着当时在我国农村农业生产资料的私有制（尤其是土地私有制）完成了社会主义改造，消除了几千年来的阶级剥削制度，基本建立起了社会主义制度，可以说这是我国历史上影响最深刻的变革之一（梁涛，1992）。

第三阶段：1958～1978年的人民公社制度阶段。1958年4月中央《关于小型的农业合作社适当合并为大社的意见》正式发布开启了建设人民公社的序幕，经中共八大二次会议确立了“鼓足干劲，力争上游，多快好省地建设社会主义”的总路线之后，全国农村掀起了人民公社建设活动的高潮。据统计，到1958年11月，全国共有74万多个农业生产合作社合并成为2.6万个人民公社，参与农户占到全国总农户的99%以上，达到1.2亿户，基本实现了全国农村的人民公社化。由此，在农村开始实行单一的农业生产资料人民公社所有制，实施工资制与供给制相结合的分配制度，然而，之后一些地方开始大刮“共产风”甚至用“大鸣、大放、大字报，大辩论”等政治运动方式来推进人民公社化运动，幻想“在一夜之间”就能从集体所有制大跃进入全民所有制，从社会主义大跃进入共产主义社会，毫无疑问，这一做法使农民利益受到了极大的损害，农民的积极性也受到了严重挫伤，农村生产力遭受极大破坏，表现为各种农产品产量急剧下降，如 1959 年，农业总产值 475 亿元，比上一年下降 13.6%，粮产量仅为 1700 万吨，比上一年减少 15%，其他如棉花、油料、烤烟、红黄麻和生猪产量等农产品也普遍减产 10% ~30%，从而导致全国多地普遍出现粮、棉、油等农产品供给均出现紧张局面，不得不通过减少农村销售量来保证城市供应，以致当时农村中很多农民吃不饱饭的现象极普遍。这迫使人民公社制度不得不做出调整与改变，一些地方于是将人民公社改变成公社、生产大队、生产队三级所有，而以生产队为基础的组织形式，中央也连续发出指示，恢复农民自留地，允许农民自行喂养家禽、家畜等，允许农民在其房前房后可以种树等。然而，“文化大革命”的爆发则使之前调整为“三级所有，队为基础”的体制受到了冲击，一些地方极力否定这一制度，强制社员搞“三献一并”，即献自留地、宅边地、自有果木，以并队升级，由此，“生产小队”向以“生产大队”为基本核算单位的组织形式过渡，“生产大队”则向以“公社”为基本核算单位的组织形式过渡，农村经济组织动荡更剧烈，农民生产积极性再次受到重挫，农村经济再度陷入极度落后状态，人民公社制度维系受到严峻挑战（梁涛，1992）。

第四阶段：1979 年至今的家庭联产承包责任制阶段。十一届三中全会的召开拉开了我国农村经济体制改革的序幕，可以说这是我国农业生产经营体制的一次重大历史变革，农村实行以“包产到户”为先声，经“包干到户”实现了以家庭联产承包为主的多种形式的生产责任制。这一制度在保持土地所有制仍然为集体所有的前提下，把土地生产经营权重新交回给农户，由此，土地由之前的公有公营制向公有私营制转变，逐步建立了统分结合的经营机制。到 1983 年底，全国 1.75 亿农户均实行了家庭联产承包责任制，占到全国农户总数的 94.5%，农户再次成为农业生产经营的主体单位，人民公社制也由此失去其存在的价值，1984 年政社合一的人民公社被正式撤销，乡人民政府建制得以恢复，生产大队成为农民自治组织性质的村民委员会，生产队则变成了村民小组（梁涛，1992）。实践证明，家庭联产承包责任制是适合我国农村生产力现状的，它使农村劳动生产力得到了极大的解放，农民生产积极性得到了空前的提高，农村经济得到了飞跃发展，这充分显示了家庭联产承包责任制的旺盛生命力。据统计，1979 ~1984 年，我国粮食总产量连上两个台阶，由 1978 年的 6095 亿斤增加到了 8146 亿斤，平均每年增产 340 亿斤；棉花产量则由 4334 万担上升到 1.25 亿担；油料产量从

10435 万担上升到 23819 万担；肉类产量从 856 万吨上升到 1689 万吨；农民收入也从 133.57 元增长到 355.33 元。

显然，实行家庭联产承包责任制，是新中国成立以来我国政府对农村经营体制发展与变革的经验总结，是对农村经营体制变革与探索的结晶，它显然已经促进了我国农村经济开始新的腾飞，这也充分表明我国农村经济已经开始全面振兴。事实证明，不是我们的农民不行，是人民公社统一经营，集体劳动与平均分配的农业生产经营体制在我国是行不通的，而实行家庭联产承包责任制，则使农民获得了经营自主权，得到了实惠，农民生产的积极性被充分调动起来了，由此，农业生产连年大丰收，到 20 世纪 80 年代中期，我国粮食、棉花等主要农产品供给问题基本解决，一直困扰着我国政府的如何解决十几亿人口的温饱问题得到了基本解决。但从长远的、可持续发展角度以及农业现代化目标的要求来看，这或许是农村改革万里征程中的第一步。正如牛若峰（1999）所说，家庭联产承包责任制只完成了一半的农业经营体制改革，另一半构建明晰的产权制度和解决小生产与大市场的接轨问题还远未解决。

然而，从 1985 年起我国城乡战略又发生了改变，国民经济收入分配的格局开始向城市倾斜，工作重心转向了城市，农村改革的力度开始大幅度减弱了，农村经济形势由此时好时坏，且总体来看是农村经济愈来愈落后，呈现出城乡差距越来越大，矛盾越来越突出的特征。面对这一境况，80 年代后期开始，一些学者在总结我国现代化建设的经验和教训时，根据当时我国农村发展困境这一特殊国情，把中国农村问题分解为“农业、农村、农民”问题来分别进行研究，也有学者分别从农业或农村或农民某一个视角进行分析，还有学者将三者结合起来，通过剖析这三者间的关系来进行探索，自此，也就初步提出了我国“三农”问题的分析框架，慢慢地这也成为以后几十年来我国学界、实践界以及政界探究与分析中国实践与现实问题的理论框架，“三农”问题自此成了我国经济发展面临的最重大与最难解的问题，成为当前我国必须面对的基本国情。

毫无疑问，实行家庭联产承包责任制，极大地调动了农民生产经营的积极性，使我国农村经济开始了新的腾飞，农村经济发展取得了举世瞩目的成就。家庭联产承包责任制下，农户成为了我国农业经济组织的最小单位和基本形式，由于农户自身基本特点，天然具有小规模和分散经营的特征，难以形成合力，并且缺乏对市场、信息的把握，甚至有很大一部分还处于自给自足的状态。随着农村家庭联产承包责任制的实施及其发展，其逐步凸显出农户生产经营规模小、组织分散、规模化程度低、抗风险能力差等一系列问题。正如张光会（2007）提出的，当农业经济发展到一定水平，仅依靠农民个人力量就显得愈加有限，很多农户既没有扩大生产规模，实现集约化经营的基本资源条件，又缺乏依靠科技手段提高劳动生产率的资本投入实力，因此很难突破传统农业的生产经营模式的束缚。现实中，由于制度缺陷导致的农户生产小规模经营与大市场的矛盾问题日益突显，在农产品供应链的各个环节，都存在着单个农户独立入市固有的农户个体彼此分散、规模小、市场信息不对称、交易成本极高与效益低下等困境。由此，家庭联产承包责任制下一家一户分散的小生产和变化万千的大市场如何连接等问题日益凸显出来，市场上农产品买难卖难、多了砍、少了赶的局面交替出现，如1984年粮食获得了大丰收，随即出现了卖粮难问题。尤其是自20世纪90年代以来，经济体制的转轨使我国农业走上了市场化的道路，大部分农产品告别了普遍短缺的时代，转为当前阶段性、结构性、季节性、区域性的局部相对过剩。在此背景下，农产品买难卖难问题就尤为突出且更普遍了，如2015年正值水果上市热季时，全国多地种植农户却陷入了“丰收的烦恼”：广西荔枝丰收却严重滞销，烂在枝头无人问津；广东佛山被曝10万余斤火龙果滞销，每天上千斤火龙果被种植户倒入鱼塘喂鱼；在甘肃榆中，成熟的杏子同样因为滞销烂在地头；南安东田彭溪村百万斤杨梅滞销，大量杨梅落地上；广西壮族自治州、四川省等部分地区西瓜面临滞销……果贱伤农、粮贱伤农、棉贱伤农等，农民总是难以摆脱“年丰农贫”的困境（杨慧、蔡文著，2013）。

在此背景下，为了解决如何使一家一户分散农户的小生产与千变万化的大市场如何连接这一难题，就必须从创新农业生产经营组织制度和改革农村经济运行体制上寻找突破口，鉴于诸城的成功经验在全国产生了巨大的影响，很多企业纷纷学习模仿其做法开始大力发展订单农业，逐步形成了农产品生产加工与销售结合在一起，实行贸工农、产加销、农科教一体化经营的新的农业生产经营组织模式。这样就打破了部门分割、地区封锁、行业封闭等制度性障碍，根据经济发展和市场需求开展农业产业化经营，提高了农业生产效率和效益以及经营水平，实现农产品增值，农户收入也得到了一定程度的保障。随着订单农业在实践中获得了巨大的成功，各级政府部门都开始重视订单农业的发展问题，将其作为农业结构调整和农民收入提升的重要手段来推动。综观文献，订单农业在国家农业部的文件中第一次出现是在1998年，1999年农业部文件中再次提出要把发展订单农业作为一项重要的措施抓紧抓好，这也标志着我国订单农业进入了一个新的发展阶段。虽然我国订单农业发展历史不长，但由于其能实现农民、企业与政府等各方利益，因此，在各级政府的大力推动下，订单农业在我国获得了蓬勃的快速发展势头，呈现出订单农业涉及的农产品品种与数量大幅度增加、交易范围不断扩大、参与主体越来越多、订单交易额占农业产业值比例大幅增加、订单农业形式日益多元化等特点（蔡文著，2014）。

经过10多年的探索和发展，我国农业产业化经营的发展已经取得了显著成效，实践中逐步探索与实行了“龙头企业 + 农户”、“龙头企业 + 合作社 + 农户”、“龙头企业 + 基地 + 农户”、“龙头企业 + 中介组织 + 农户”等各种订单农业模式，逐渐呈现出了产业化经营模式多样化的特点，其中“龙头企业 + 农户”是农业产业化经营的主要模式，在该模式下，一方面，龙头企业具有一定的经济实力与风险承担能力；另一方面，龙头企业相对能较好地获取与掌握农产品市场信息，现实中成为小农户与大市场联结的中介也是市场发展的必然选择。显然，发展“龙头企业 + 农户”等农业产业化经营是扭转农业弱质低效局面、促进传统农业向现代农业转变的根本途径。2014 年 10 月 29 日，农业部孙中华在其《农业产业化经营与培育新型农业经营主体》报告中指出，培育新型经营主体，构建新型经营体系，是我国农业生产关系变革的趋势和方向，农业产业化经营作为重要的推动力量，在这个过程中，要把握四个关键点：一要准确把握发展方向，明确新功能、新定位、新任务；二要完善利益联结机制，带动新型经营主体共同发展；三要创建农业产业化示范基地，推动优势产业向优势区域集中，形成产业集群；四要做大做强龙头企业（袁瑞明，2013）。因此，在这一背景下，我们可以肯定地说，一方面，农业龙头企业与农户的合作必将越来越紧密，且必定会带领农户成为破解“三农”问题的火车头；另一方面，随着农业分工的深化和专业化生产必将促使更多的农业龙头企业不断涌现并不断发展壮大，而随着我国农业龙头企业的不断涌现和发展壮大，其与农户合作也必将进一步发展深入，进而也必定会给农村经济社会发展带来翻天覆地的变化，成为“三农”发展的强劲驱动力。

二、我国农业龙头企业与农户合作关系产生的动因

毫无疑问，现实中任何事情的产生与发展背后都有着其根本原因，而对这一根本原因进行深入的探究与剖析，就有助于我们更好地认识与掌握该事情的发展规律。人的行为亦是如此，每一个人行为背后都有着引起其行为产生的根本动因，要想了解与影响一个人行为，就必须对其行为背后的动因进行深入的探究与剖析，那么人的行为背后的动因究竟是什么呢？马克思和恩格斯认为，需要不仅是人的本性，而且作为人的“内心的意向”构成了人们活动的原动力和原目的。“在现实生活中，人有各种需要”，“任何人如果不同时为自己的某种需要和为这种需要的器官做事，他就什么也不能做”。当然，需要本身还不等于活动的动力和目的，但它构成二者的最初基础。因此，人的需要是人行为的基础和动力，应

当从人的需要这一视角来解释人的行为。美国心理学家马斯洛（1987）也认为，从古到今，不同文化背景下的人尽管具体需要各不相同，但这些具体需要中却包含着一些共同的永恒的基质，他将这些基质称为基本需要，他认为，这些基本需要是驱使人类活动的动机基础。由此，马斯洛将人的基本需要分为生理需要、安全需要、归属需要、尊重需要和自我实现需要五种，这五种基本需要之间是相互联系、依次上升的关系，它们共同构成了“有相对优势关系的等级体系”，低一级的需要得不到起码的满足，它就是激发人的行为动机因素，而一旦这一级需要得到满足，它就让位于高一级的需要。需要的层次越高，在个体发展中出现得也就越晚，与生存的联系也越间接，越属于精神世界范畴。

因此，对于龙头企业与农户来说，现实中，我国农业产业化的主要形式就是农业龙头企业与农户通过签订明确双方权利与义务的契约来开展农产品营销合作，按照上述需要动机理论，龙头企业与农户之所以表现出相互的合作行为，其背后也必定有着其根本的动因，也是龙头企业与农户合作行为产生的原动力，这就是龙头企业与农户的需要是双方能够得以开展合作行为的原动力，当然，在这里龙头企业与农户实施合作行为的需要是多方面的，但有一点是肯定的，双方的合作行为对于各方来说必定是一种互利行为，双方行为背后的需要可能很多，但从理性经济人角度来看，龙头企业与农户作为市场经济的参与主体，双方必定都有着其共同的目的：追求各自利益的最大化。下面就将农业龙头企业与农户合作行为产生的动因分别从龙头企业与农户各方的角度进行阐述。

（一）龙头企业合作行为产生的动因分析

1. 龙头企业出于降低交易成本，追求其利润最大化的需要

龙头企业作为市场经济的交易主体，追求其自身利益的最大化是其行为背后的根本动机。龙头企业之所以选择通过与农户签订契约的合作方式来获取农产品，其考虑的最主要原因就是这种方式获取农产品的交易成本是最低的。实践中，农业龙头企业获取农产品的渠道一般包括三类：一是通过市场随机购买，即龙头企业在农产品市场上自由收购任意农户或其他经济主体的农产品，这种方式的特点是：企业采购需求量较大，而农户经营规模较小；购买成交频率较大；而单笔交易量又很小；交易价格则随行就市，受市场波动的影响较大；尤其是由于农产品生产过程中的信息不对称，导致农户的道德风险与逆向选择的成本极低，表现为农产品品质难以用科学的方法加以评定，大多靠手感、观感或嗅觉等予以识别难以保证农户不出于自身利益目的而降低农产品生产品质。显然，这种获取农产品的途径对于龙头企业来说交易成本是很高的。二是龙头企业一体化自行生产，即龙头企业通过一体化的模式进入农产品生产领域，通过自行生产相应的农

产品来满足自身的原材料需求。这种方式的特点是：在农产品品质和供给的稳定性上可以得到保障，但由于企业纵向一体化需要购置大量的生产资料、管理生产过程，尤其是农产品生产具有较大的自然风险等，这一切原本由农户承担的成本也全部由龙头企业全部承担，交易成本较高。三是龙头企业通过与农户签订契约购买。这种方式的特点介于上述两种方式的中间，龙头企业与农户通过契约形成了相对稳定的长期合作关系，为长期合作的需要一定程度上就降低了农户的短期机会主义行为，龙头企业也可以适当地对合作农户的农产品生产过程进行必要的监督与控制，由此在稳定供给的基础上保障了产品的品质，龙头企业也无须像一体化生产那样承担更多的成本（见表3－1）。

表3－1　农业龙头企业获取农产品方式的三种途径比较

	原材料安全性	原材料稳定性	生产环节投资	生产环节风险
市场随机购买	低	低	无	无
契约购买	偏高	偏高	偏低	偏低
一体化自行生产	高	高	高	高

资料来源：王学林．中国农业龙头企业运行机制研究——基于契约的视角［D］．四川大学博士学位论文，2006.

农业龙头企业获取农产品的途径有上述三种，那么龙头企业到底会选择什么途径呢？根据交易成本理论，长期来看，龙头企业会权衡三种农产品获取途径的交易成本，最终选择其中交易成本最小的一种途径作为其农产品供给的方式。显然从现阶段我国基本的现实情况来分析，以与农户签订契约方式购买农产品的交易成本是介于龙头企业通过农产品市场自由购买的交易成本与龙头企业直接投资自行生产农产品交易成本之间的。因为，一方面，企业直接投资自行生产的成本是很高的，尤其是农产品生产需要大量的土地，而土地的可获得性在我国就是一个极其难以逾越的障碍，再加上农产品生产过程中的自然风险等也是企业所难以控制的，由此可见，对龙头企业而言现阶段选择契约购买比其直接投资自行生产农产品能够显著地降低其交易成本。另一方面，通过农产品市场自由购买对龙头企业而言其农产品品质鉴定成本又是极其昂贵的，这一成本主要包括能够有效鉴定出农产品品质好坏的直接费用，以及由于不能有效鉴定出农产品品质好坏而使龙头企业生产的产品不符合质量要求甚至出现食品安全事故等所带来的损失等，显然，龙头企业几乎是不可能运用现代的物理、生物或化学等科学手段来对所有农产品品质进行逐一鉴别的，而后者由于原材料品质问题而导致的龙头企业生产与销售的产品出现质量问题甚至食品安全事故的损失，在当前国家日益重视产品质量及食品安全而加大处罚力度的背景下，更是企业难以承受的。由此，对龙头企业而言现阶段选择契约购买比其通过农产品市场自由购买农产品也能够显著地降低其交易成本。综上所述，当前龙头企业之所以表现出与农户的合作行为，其动因之一就是出于其要降低交易成本，追求其利润最大化的需要。

2. 龙头企业出于稳定其原材料的供给，保障生产经营均衡运行的需要

一方面，根据资源依赖理论，任何企业都不可能自给其所需要的所有全部资源；另一方面，从专业化分工理论来看，农业龙头企业专注于其所固有的优势功能上，可以为其带来相应的规模经济效益。在纵向一体化不现实或不可行的情况下，作为龙头企业只能外购企业生产经营所需要的农产品，于是要么通过农产品市场自由购买，要么通过与农户签订契约以合作的方式获得是龙头企业必须要做出的选择。显然，农业龙头企业预先投入的固定资产决定了其具有一定规模的产能，而企业产能是否饱和则直接影响其经济效益的好坏，这一方面受其产品市场需求影响，另一方面则受其是否能获取稳定的农产品原材料供给的影响。显然，农产品原材料的均衡平衡供给也是提升龙头企业运行效率，提升其竞争力的重要因素。不可否认，采取市场自由购买的方式则具有较大的随机性、偶然性，丰年可能比较容易从市场获取，一旦遇到歉年，则有可能很难从市场上自由购得企业所需的足够农产品原材料了，这就有可能使龙头企业的生产经营陷入“时断时续”的困境——由于不能及时采购到足够的农产品原材料导致企业不时地处于生产停顿状态。此时，作为原材料稳定供给最好方式的纵向一体化的替代方式，与农户签订契约显然就是龙头企业稳定获取农产品原材料的最优选择了，郭红东（2005）实证研究发现，通过参与订单农业，龙头企业得到的最大好处就是保证了农产品的质量，稳定了农产品原材料的供应。通过与农户的合作，以签订契约的方式对龙头企业未来所需足够数量与质量的农产品原材料的供给予以了明确，企业对原材料的到货时间能了如指掌，对农产品的交易价格也能有其相对的明确预期。综上所述，当前龙头企业之所以表现出与农户的合作行为，其动因之一还由于要稳定其原材料的供给，保障生产经营均衡运行的需要。

3. 龙头企业出于保障其农产品原材料安全，以提升企业产品的高品质形象需要

毫无疑问，农产品原材料的品质及质量安全最终决定了龙头企业生产出来的企业产品的品质。现实中，随着我国市场经济的发展，在缺乏必要的监督与鉴定机制的情形下，一些农户就会产生道德风险及逆向选择行为，在其农业生产过程中会选择不安全的农业生产技术或生产方式以提高其农产品产出水平，如农药超标使用导致残留量较大、转基因技术的滥用、化肥的过度作用等（王学林，2006）。尤其是一些有害物质甚至被加入到农产品原料中来，如往牛奶原料中掺入三聚氰胺事件、往饲料中添加瘦肉精以养殖瘦肉型猪、往鸭子饲料里添加“红

药”以生产红心鸭蛋、湖南省由于土壤、化肥或矿区污染等原因导致大米严重镉超标等农产品质量安全事故。其导致的不仅是养殖或种植农户受到损失，与其相关的农业龙头企业由于有着明显的标志，在市场上更易被识别。由此，龙头企业甚至遭受了灭顶之灾。相反，龙头企业使用高品质的农产品原材料生产出高品质的产品也能很容易地被消费者有效地识别，高品质的产品形象在市场上就会为企业树立起著名的品牌，从而可以使企业在激烈的市场竞争中获取更多的市场份额与超额回报。因此，权衡利弊，在这一情形下龙头企业最理性的选择便是与农户合作，通过签订契约来保障其农产品原材料的供给，这样一方面龙头企业可以对农户生产经营过程进行一定的监控；另一方面，由于是合作经营，龙头企业对合作农户的农产品品质的可追踪性也会使农户减少其机会主义行为。于是，这一合作行为就能最大可能地保障到农产品原材料的品质，由此高品质的原料就可生产高质量的企业产品，从而可在市场上树立其高品质的形象，进而更有利于其通过品牌经营获取到高额的回报。综上所述，当前龙头企业之所以表现出与农户的合作行为，其动因之一还由于龙头企业出于保障其农产品原材料安全，以提升企业产品的高品质形象需要。

4. 龙头企业出于争取政府最大支持，以充分利用政策红利做大做强企业的需要

当前，“三农”问题是我国政府一直尤其关注的重大问题，2004 ~ 2015 年中央已经连续发布了 12 个“中央一号”文件来对“三农”问题进行总体部署，其中，提出培育与壮大农业龙头企业以带动农户发展是破解我国“三农”问题的一项重要的战略举措。由此，中央以及各级政府、部门先后制定和完善了一系列支持龙头企业成长与发展的相关政策，如财政税收方面的支持政策，政府给予初始的财政支持，从税收上给予龙头企业一定的减免税优惠，从而使龙头企业得到国家财政税收方面的支持；行业部门的支持政策，如农业部、省级农业厅等给予的政策支持；科技信息方面的支持政策，国家提倡科技兴农，如各级政府和科研院所结合不同企业的具体情况，将最新的或者比较成熟的技术应用到某一龙头企业，使其在短期内即可获得科技效应的支持等（王亚静，2007）。从而，以试图培育与壮大我国农业龙头企业的成长与发展，增强农业龙头企业发展的内在动力，最大限度地增强其对农户的龙头带动作用，实现其对农业经济快速发展的牵引作用。在这一政策背景下，农业龙头企业要想充分地利用政策红利以做大做强企业，就必须响应政府的号召，积极地参与农业产业化中来，主动地与农户开展全方位的合作，通过与农户签订契约围绕某一相关产业带动农户脱贫致富与共同发展，由此，龙头企业最有可能获得各级政府给予其的最大限度支持与帮助。综上所述，当前龙头企业之所以表现出与农户的合作行为，其动因之一还由于龙头

企业出于争取政府最大支持，以充分利用政策红利做大做强企业的需要。

（二）农户合作行为产生的动因分析

家庭联产承包责任制下，农户是我国农业生产经营的最基本单位，也是营销合作行为中另一个重要的交易主体。中国农户历来被认为具有善分不善合的传统，其深层原因是集体理性和个体理性的冲突以及信息不对称和机会主义行为的存在（黄裙等，2005）。由此，现实中农户与龙头企业广泛开展的营销合作行为其背后的根本原因更值得我们去探究与剖析，这也对引导农户更好地进行合作营销具有重要的意义。

1. 农户出于确保其农产品拥有稳定的销路，以破解“农产品卖难”的需要

90 年代以来，经济体制的转轨使我国农业走上了市场化的道路，大部分农产品告别了普遍短缺的时代，转为了当前阶段性、结构性、季节性、区域性的局部相对过剩，农产品卖难成为了悬在我国农民头上的一把利刃，即便是遇到难得的丰收年，往往也是果贱伤农、粮贱伤农、棉贱伤农……农民总是难以摆脱年丰农贫的困境。频繁陷于这一困境中的农户深知，如何确保其生产的农产品拥有稳定的销路是当前亟待解决的关键问题。实践中农户通过与龙头企业签订农产品购销合同，以营销合作的方式来安排其农产品的生产与销售是当前条件约束下其最理性与最优的选择，因为，这一合作模式有效地解决了农户当前面临的农产品卖难这一最突出的问题，确保了其农产品拥有稳定的销路，符合农户追求其自身效用最大化的需要。正如邓宏图、米献炜（2002）提出的，在我国的农业生产实践中，契约农业作为一种新的投入产出模式、新的农业生产制度安排，在有效解决农产品卖难问题的同时，而且还可以增加农民收入及各种就业机会，这也是农户之所以愿意接受各种不平等的（合约中的）系列条款的历史性的实质逻辑。

在这一模式中，一方面，龙头企业作为参与市场竞争的科层组织，与单个农户相比拥有一定的规模与实力，对农产品市场信息的了解与掌握也就远远优于农户，企业签订的订单基本反映了有效的市场需求，农户只需选择相对条件更优的龙头企业与之签订合同，这样，通过签订契约以龙头企业与农户合作的方式，顺利地解决了农户面临的农产品卖难这一世纪难题。签订契约之时，农户即为其即将生产的农产品已经找好与稳定了销路，消除了农产品买难和卖难的双重市场障碍，使得农业资源顺利地找到了可以最为有效利用的途径，农户收益也得以大大地提高。另一方面，在当前我国实行家庭联产承包责任制不变，农户生产处在分散式与小规模经营的情形下，龙头企业则通过其区域化布局和专业化生产获得了规模化的效益，极大地提升了农业产业利润率。同时，龙头企业通过对农产品加工深度及其广度的拓展，进一步使农产品加工增值效益得以扩大，农产品市场需求进一步拓展，农户的产品销路也就更具稳定性。王亚静（2007）的调查发现，有80%的农户认为之所以与龙头企业签订协议是因为这样可以确保农产品有稳定的销路。综上所述，当前农户之所以表现出与龙头企业的合作行为，其首要的动因就是农户出于确保其农产品拥有稳定的销路，以破解农产品卖难的需要。

2. 农户出于降低其交易成本，以追求自身利益最大化的需要

大多学者认为农户行为是理性的观点更具有说服力。如西奥多·舒尔茨在其名著《改造传统农业》中认为，过去人们所指责的传统农业中小农愚昧落后，经济行为缺乏理性的观点是错误的，实际上，全世界的农民在考虑成本、利润及各种风险时，都是很会盘算的生意人，他们是在传统技术状态下有进取精神并已最大限度地利用了有利可图的生产机会和资源的人，是相当有效率的，是理性的经济人。国内学者林毅夫（1988）也认为，中国小农的行为是理性的，只是其理性行为要受到外部经济条件、信息搜寻成本以及主观认识能力等多重因素的制约，但可以用现代经济学的研究方法来研究农民问题。作为理性经济人的农户，其参与订单农业与龙头企业进行合作的根本原因就在于追求自身利益的最大化，且获得的利益越大，其参与合作的欲望就会越强。而如何提高收益呢？显然，降低其交易成本是一条重要的途径，特别是当前在农户进行分散经营的现实背景下，单个农户由于其生产经营规模较小，其独立入市同样需要花费相应的市场交易成本，如信息成本、购销差旅费、人工费等。相对其比较小的需要交易的农产品数量及其金额来说，农户单个独立入市的交易成本是非常高昂的。而如果与龙头企业合作，农户就可以利用龙头企业在市场信息、市场营销等方面的优势而节省这一交易成本，有些龙头企业甚至还可以帮助农户购置生产资料，提供种子、化肥、生产技术等以带动农户开展生产经营。这些都会大大地降低农户面临的生产风险与销售风险，由此农户通过与龙头企业的合作，在龙头企业带动下，农户有效地克服了在小生产方式下低水平生产、生产起伏不定与产销脱节等现实问题。同时，交易成本也得以大大降低，这可以说是作为理性经济人的农户追求其利益最大化的理性选择。众多学者们的研究也证实了这一观点，如Frank等（1992）从交易费用的角度对美国食品工业的纵向协调原因进行了研究，发现节约交易费用是农户参与食品产业纵向协调的主要原因。何坪化、杨名远（1999）的实证研究结果也发现，单个农户独立入市进行交易，无论是筹划市场交易的费用、执行市场交易的费用还是监督市场交易的费用都很高昂，于是农户为了降低交易费用，主动选择农业产业化经营。Hobbs（1999）则运用交易费用理论构建了一个DPTV分析框架，对食品链纵向协调进行了深入研究，同样发现节省交易费用是影响农户垂直协作的主要原因。综上所述，当前农户之所以表现出与龙头企业的合作行为，其动因之一就是农户出于降低其交易成本，以追求自身利益最

大化的需要。

3. 农户出于获取经营所需资金、种子、化肥等生产资料或生产技术等支持，以充分利用外力提升其经营能力的需要

众所周知，一方面，我国农户一般普遍存在着经济实力较弱，生产经营过程中经常会出现着资金周转困难或资金短缺等困境，而又由于缺乏足够的抵押担保资产决定了其从银行融资具有相当的难度。现实中，农产品生产与收获又是具有明显季节性的，在农产品生产之初农户需要在种子、化肥、农机工具等农业生产资料等方面投入较大量的资金，而由于其收益的滞后性，农户经常性地陷入由于资金短缺而影响生产经营的困境，制约了其经营能力。另一方面，我国农户普遍采用的是传统农业耕种技术，由于农户经营规模小、农民文化水平较低等特点决定了单个农户是缺乏足够的动力去投资学习与采纳农业新技术的。而这又与现实中由于农业科技革新普遍带来的农产品品质日趋高新化的要求不相适应，农户越是不运用新的农业生产技术，其产品越是缺乏市场竞争力。农户在其经营过程中所需的资金、种子、化肥等农业生产资料以及农业生产技术等经常是均处于不足状态的，如何解决这一难题呢？实践中，农户理性地选择了与龙头企业进行合作。因为，在“龙头企业 + 农户”合作模式中，龙头企业经常性地会充当信用中介的角色，如有龙头企业为农户提供一定额度的贷款担保，甚至直接为农户提供一定数量的借贷资金，以解决农户资金周转困难或短缺问题；有些龙头企业将农用生产资料如种苗、种子、种禽（畜）等先赊给农户，并为农户提供各种生产服务（如生产技术服务等），农户则作为欠方将赊来的生产资料投入到自己的承包地上进行农业生产，最后将其生产的农畜产品按契约规定出售给龙头企业，之前的赊欠款则从收购的农产品价款中予以扣除，生产经营风险则由合作双方共同承担（王亚静，2007）。还有些龙头企业为农户提供最新的生产技术，并帮助农户将新的生产技术或方法尽快地运用到产品生产当中去，从而提高了农产品品质等级，满足了市场上用户对高品质农产品的需求等。作为理性经济人的农户看着一旦与龙头企业合作所具有的这些诸多好处，与龙头企业进行合作是其必然的与最优的理性选择。正如 Key 和 William Mebride（2003）在对美国生猪产业农户的访问调查中发现的，缺乏资本成为农户加入契约农业的一大诱因（仅次于回避风险）。Moore（1994）的研究也发现，合作可以帮助小农户获取新的生产技术和发展资金，克服生产经营技术水平低下和资金短缺的弱点，提高农产品质量，提升营销水平，可以帮助农户适应技术革新，增强进入市场的能力。综上所述，当前农户之所以表现出与龙头企业的合作行为，其动因之一还由于农户出于获取经营所需资金、种子、化肥等生产资料或生产技术等支持，以充分利用外力提升其经营能力的需要。

三、我国农业龙头企业与农户合作的发展现状

众所周知，我国农业产业化经营产生于20世纪80年代中期，是在实行家庭联产承包责任制实现了农业经营体制重大改革之后，对我国农村经营体制与组织制度所进行的又一次重大改革与创新。历经20多年的探索、发展与完善，农业产业化经营在我国产生了明显的成效，取得了令人可喜的成绩，农业产业化经营迅速发展，农业产业化经营主体各类产业化经营组织数量迅速增加，尤其是农业产业化龙头企业数量急剧增长，且实力不断壮大，带动农户开展生产经营的能力不断增强，现已发展成为推动我国农业现代化建设和带动农民就业增收的重要主体，也成为影响农村经济社会发展的重要力量。

据统计，2000年11月，国家农业部和国家税务总局等9部委认定的第一批全国农业产业化国家级重点龙头企业仅有151家，平均每个企业带动农户5.9万户；2002年12月，国家公布了第二批农业产业化国家重点龙头企业235家，扣除掉第一批中被取消资格的14家，到2003年底全国农业产业化国家重点龙头企业共计372家，企业平均固定资产为2.5亿元，平均销售收入为7.1亿元，平均每个企业带动农户7.6万户，省级龙头企业1839家（秦富，2013）；到2006年底，我国各类农业产业化经营组织发展到15.48万多家，其中农业龙头企业就达71691家，占到农业产业化组织总数的46.3%，这71691家龙头企业的固定资产总值达到9782亿元，比2000年增长了131.5%，销售收入24188亿元、利润1597亿元、上缴税金775亿元与创汇263亿美元，分别比2000年增长了310.0%、239.3%、225.2%与194.6%。而2004年9月，国家公布了第三批农业产业化国家重点龙头企业210家，由此，国家认定的国家级重点龙头企业已增加到582家，企业平均总资产为7.92亿元，企业平均销售额为7.2亿元，龙头企业的平均净利润约为2684万元。据统计，2006年，全国各类产业化经营组织合计带动农户达到9098万户，带动农户数量超过2000年的3138万户，2000年参加农业产业化经营的农户占全国总农户的比例为24.7%，而2006年则增加到了36.1%，其中，带动农户从事种植业生产基地合计达到13亿亩、养殖水面达到9570万亩、牲畜饲养量超过14.6亿头、禽类饲养量达到113.4亿只等。由此，农户参与合作经营的增收效果显著，2006年，全国9098万参加农业产业化经营的农户户均增加收入1486元，比2005年就增长了11.2%，尤其是2000～2006年以来参加农业产业化经营的农户年均收入持续增长，农户户均年增长率

达到9.5%，如2000年比1999年农户户均增加收入947元、2002年比2001年户均增加收入1001元、2004年比2003年户均增加收入1201元（黄连贵等，2008）。2008年4月国家公布了第四批国家级重点龙头企业313家，其间8部委先后取消了24家企业的国家级龙头企业资格，又增补了21家企业为国家级龙头企业，到2008年底我国实际共有国家级重点农业龙头企业已达892家，这些农业龙头企业平均总资产为10.08亿元，较2006年增加了2.16亿元，增长了27.27%。企业平均销售额为10.64亿元，比2006年增加了3.44亿元，年均增长21.56%。净利润平均值为4666万元，较2006年增加了1982万元，上升了73.85%，年均递增31.85%（张陆伟，2009）。

而近年来，随着我国不断加大对农业产业化龙头企业发展的支持力度，尤其是国家加大了对各类农业产业化龙头企业在财政税收和金融等方面的支持力度，农业龙头企业获得了长足的发展。2012年3月，国务院发布了《关于支持农业产业化龙头企业发展的意见》文件，更是明确了农业产业化龙头企业在发展我国现代农业中的战略地位，由此提出了应对农业龙头企业发展进行大力支持的具体政策措施。调查结果显示，现实中农业龙头企业也确实得到了各项优惠政策的支持，如统计结果表明，2012年91.6%的农业龙头企业得到了国家财政资金的支持，平均获得财政支持资金770万元，91.3%的农业龙头企业获得过信贷支持，75%的农业龙头企业享受到了国家税收减免的支持，64.5%的农业龙头企业认为国家支持龙头企业发展政策很好，对龙头企业发展作用很大（杨万娣，2012）。因此，在这一背景下，我国农业产业经营进一步深入发展，农业产业化经营组织持续增长，截止到2013年底，我国农业产业化经营组织已经达到33.41万家，而各类农业龙头企业达到12.34万多家，销售收入超过了7.86万亿元，合计带动农户超过1.22亿户，平均每家农户增收3097元，比2012年增长了10.49%（华静、王玉斌，2015）。2011年12月国家公布了第五批国家级重点龙头企业359家，截至目前，经国家认定的农业产业化国家级重点农业龙头企业已经增长到1251家。

可见历经20多年的探索、发展与不断完善，我国农业产业化经营主体的发展已经初具规模，形成了以国家级农业产业化重点龙头企业为核心，以省级农业产业化重点农业龙头企业为骨干，其他各类农业产业化龙头企业为基础以及经纪人、专业市场、种植（养殖）大户、合作社等各类中介组织共同参与的农业产业化经营组织的主体结构。农业产业化龙头企业与农户合作模式仍然是我国农业产业化经营的主要形式，龙头企业作为科层组织利用其经济实力及其市场信息获取能力成了农户小生产与大市场的连接中介。实践中我国农业龙头企业与农户合作营销迅速发展，农业龙头企业通过不断完善与农户的利益联结机制，通过订单收购、浮动定价、利润返还等多种方式带动农户进行农业现代化生产经营，农业龙头企业与农户良好的合作实现了龙头企业与农户共享农业产业化发展的成果。显然这一合作模式缓解了当前在我国家庭联产承包责任制下“农户小生产与大市场连接的矛盾”问题，一定程度上解决了单个农户独立入市面临的高昂交易成本与市场信息不对称问题，从而提高了我国农产品生产规模化水平以及农业的市场化程度，农户收益获得了大幅度的增加，困扰我国政府的“三农”问题也在一定程度上得到了缓解。据统计，2010 年，我国农业龙头企业通过与农户合作方式向农民返还利润（分红）151.65 亿元，采取土地租赁经营支付给农民的土地租金 116.23 亿元，分别比 2007 年增长 23.4% 和 49.7%，农业龙头企业支付工资福利报酬 373.38 亿元，比 2007 年增长 43.4%。此外，龙头企业还通过资助农户参加保险、提供担保、购买运输包装服务等方式带动农民增收 436.71 亿元，比 2007 年增长 61.6%（蒋黎，2013）。

四、我国农业龙头企业与农户合作面临的问题

根据上述分析，农业产业化经营在我国取得了显著的成效，而农业龙头企业与农户合作模式又是农业产业化经营的主要形式，龙头企业与农户合作这一主要形式已成为当前解决我国“小生产与大市场矛盾”问题以及单个农户独立入市面临的高昂交易成本问题的一条有效途径，经过多年的探索与实践，龙头企业与农户双方均获得了长足的进步与发展。然而，在看到这些成绩的同时，我们也应清醒地认识到，我国农业产业化过程中龙头企业与农户的合作也面临着不少新矛盾与新问题，尤其是在实际运行过程中，龙头企业与农户的合作模式并不紧密甚至不稳定，农产品销售契约违约率高达 80%（刘凤芹，2003），郭锦墉（2007）的调查研究也发现只有大约不到四成的农户完全履行了合同。此外，还存在着诸如司法保障机制不健全、抗风险能力较弱等突出问题，主要阐述如下：

（一）农业龙头企业与农户合作关系不紧密与不稳定问题尤其突出

当前，在农业龙头企业与农户合作关系中最突出的问题就是，合作过程中关系双方均有可能选择机会主义行为而导致合作关系不紧密与不稳定。

一方面，农户基于其短期利益最大化而选择机会主义行为，从而导致合作关系不稳定。龙头企业与农户在合作过程中，由于其对农户的行为难以全面了解，农户就有可能产生机会主义行为，只要农产品交易合同价格与市场价格存在足以

令农户心动的差距时，农户选择合同外的交易行为可能性就较大，此时违约率就较高。如当市场价格高于合同价格时，农户就有可能会选择以市场价格将农产品出售给第三方，而当市场价格低于合同价格时，农户又有可能将一些未参与合作的亲友等所生产的农产品甚至直接从市场上买进农产品再出售给龙头企业，这对龙头企业而言要准确地甄别农户的这一机会主义行为却并非易事，尤其是对诸如粮食、蔬菜、水果等类别的农产品，由于信息不对称或者计量成本高昂，企业很难真正地计算每个农户真实的产量。Glove 和 Kusterer（1990）的研究也发现，在契约农业的发展过程中，对于任何一个地方的契约农业来说，无论是企业还是农户，签约后的隐藏行为问题最普遍。王亚静（2007）对湖北省恩施州宣恩县和平乡卸甲坝村、椒园镇黄坪村、珠山镇狮子关村与李家河乡青龙嘴村等地的农户调查中就表明，相当多的农户都表示，如果农产品的市场价格高于合同价格，而且合同中农产品数量较大时，他们就会考虑将一些农产品在市场上出售。另外，对于一些即便是相对比较容易确定其真实产量的农产品如肉鸡、猪饲养等来说，有时明知农户选择了违约行为，大多情况下，龙头企业也往往会由于我国法律制度的不健全或者诉诸成本过高等原因，而选择采取“自认倒霉”的态度而不会诉诸法律，这反过来又进一步助长农户的机会主义行为。显然，农户这些基于其短期利益最大化的机会主义行为，最终导致的就是龙头企业与农户合作关系不紧密，合作关系稳定性问题突出。

另一方面，农业龙头企业有时也会追求其短期利益最大化而选择机会主义行为，从而导致合作关系不稳定。龙头企业与农户在合作过程中，龙头企业作为独立的市场经济主体与理性的经济人，其与农户合作最终的目的无非也是追求其自身利益最大化。在农产品市场价格低于合同约定价格时，龙头企业也就有可能选择机会主义行为，要么选择直接违约，要么选择以各种理由拒收或通过操纵农产品质量标准来压低农产品质量等级的间接违约行为。由于农户与龙头企业在资金、技术、信息等方面完全不对等的地位，农户大多在农业生产资料与农产品交易过程中都是价格的被动接受者，处于极度弱势地位中的农户是难以抵御龙头企业的各种欺诈行为的，只能被动接受龙头企业的这些机会主义行为。显然，农业龙头企业这些追求短期利益最大化的机会主义行为，最终导致的也必然是龙头企业与农户合作关系不紧密，合作关系稳定性问题突出。

（二）农业龙头企业与农户契约得以履行的司法保障机制不健全问题突出

当前，农业龙头企业与农户的合作方式主要是双方通过签订契约来规范各自的权利与义务来实现的。契约是否得以履行关键是国家要有健全的法律法规予以保障，即国家的法律法规制度及其执法机构能够清晰地界定产权，保障契约自由和契约履行，对违反契约者有严格的司法仲裁与严厉的司法惩戒机制，且对裁决结果具有很强的执行机制。然而，在我国的现实情况是，保障契约得以履行的司法保障与仲裁机制不够健全，司法仲裁与诉讼成本高昂，由于违约仲裁机制与惩罚机制不健全等导致违约成本较低，以致违约现象屡屡发生。同时，由于家庭联产承包责任制下我国农户规模普遍较小，单个农户与龙头企业的交易量与交易额相对龙头企业对农产品的收购总量来说都是很小的，如果农户选择违约，龙头企业则需要考虑其通过司法机制行使合法权利时的诉讼成本与胜诉后的收益的权衡。显然，由于与单个农户交易额极小导致胜诉后的收益是不足以弥补其诉讼成本的，因此，龙头企业此时面对农户违约的理性选择往往是“自认倒霉”的沉默态度，而不会去诉诸法律。对这一现象产生的原因也有学者从交易双方权力不对称的角度予以解释，如张闯（2006）认为，在龙头企业与农户营销合作中交易双方由于权力结构过度倾斜，当渠道中权力弱势地位的农户采取一致性的反抗行为时，无论这种一致性行为是自发形成的还是计划形成的，权力优势方龙头企业的权力就会失效。而处于弱势地位的农户面对龙头企业有可能产生的违约行为更是难以追究其责任，何况龙头企业还经常会策略性选择以各种理由拒收，或通过操纵农产品质量标准来压低农产品质量等级的间接违约行为，对此，农户即便是去诉诸司法机制，由于法官面临的信息不对称或信息不完全性，违约责任常常也是难以验证的，农户胜诉的概率也就非常小了。即使是龙头企业与农户在遇到另一方违约愿意去诉诸司法仲裁时，当前现实情况却是龙头企业与农户交易双方即使是获得胜诉，裁决结果又会由于种种原因往往是难以得到执行的，可见胜诉后裁决结果能否得到顺畅执行也是影响契约是否能够得以顺利履行的关键的问题，法律判决的执行即便是在一些法律系统较完善的国家里也是一大难题。Murrell（1996）的研究发现，许多转型国家的法律如同空中楼阁，虽然处理经济纠纷的法院裁决系统在一些国家运转起来了，但法律判决的执行依然是一个老大难问题。因此，农业龙头企业与农户契约得以履行的司法仲裁与保障机制不健全问题突出是影响双方合作的重要因素。

（三）农业龙头企业与农户合作过程中抗风险能力较弱的问题突出

当前，农户通过与农业龙头企业合作一定程度上克服了其生产规模较小、抗风险能力弱等特点，然而，相对激烈的市场竞争而言，尤其是随着发达国家农产品的不断涌入，我国农业龙头企业与农户面临的国际市场竞争日趋激烈，凸显出农业龙头企业与农户合作过程中抗风险能力较弱的问题日益突出。究其原因，一方面，主要是作为农业龙头企业与农户合作模式的龙头——农业龙头企业与农业发达国家的农业企业相比还有差距，市场竞争力还不强。经过 20 多年的发展，我国农业龙头企业虽然获得了长足的进步与发展，农业龙头企业也在向着规模化、集团化的方向发展，但真正带动能力强、有实力、竞争力强的龙头企业还不多，农业龙头企业普遍以中小型企业为主，导致其带动力和辐射力较弱，且发展水平还相对落后，尤其是农业科技创新能力与发达国家相比差距还较大，很多地区种养业的特色优势和规模优势缺乏强有力的农业龙头企业的带动和支撑，得不到延伸和发展，难以形成真正具有竞争优势的主导产业，更难以形成具有冲击力和竞争力的产业集群（刘纯彬、夏军彩，2005）。由于农业龙头企业与农户自身的实力与竞争能力不强是导致其抗风险能力较弱的内在原因。另一方面，农业生产本身的特殊性，如农产品生产的季节性，且容易受到诸如天气、病虫害等影响带来的自然风险以及一些农产品储存时间较短，运输途中损耗较大，市场价格波动较大等市场风险，显然，所有这一切风险均由农业龙头企业与农户来承担是其难以承受的，而发达国家有着相对较完善与健全的抗风险机制，如设立订单农业风险基金、农业保险制度、农产品期货市场等在一定程度上可以降低龙头企业与农户面临风险，使其遭受的利益损失减少甚至免受损失。我国在这一系列抗风险机制构建方面的缺失或滞后，也是造成农业龙头企业与农户合作过程中抗风险能力较弱的一个重要的外在原因。

第四章　农业龙头企业与农户渠道关系治理机制的现实与困境

一、龙头企业与农户渠道关系的特征

当前，在我国家庭联产承包责任体制下，“龙头企业 + 农户”营销合作模式是我国农产品营销合作的主要形式，这种合作模式是农户在农业生产过程中按照与龙头企业（农产品购买者）签订的合同来组织安排生产的一种农产品产销形式。通过合同形式把产销双方的利益关系紧密联结起来，明确各自的权利和义务，按照合同的规定，完成生产经营中产销活动的全过程。由此，形成的龙头企业与农户间的这一纵向关系即为龙头企业与农户渠道关系。“龙头企业 + 农户”这种合作模式也是目前我国订单农业的主要形式，因此，在理论研究中，也就经常把“龙头企业 + 农户”模式等同于订单农业。在该营销合作模式中，龙头企业与农户渠道关系的特征如下：

（一）龙头企业与农户间联结方式仍然以合同为主，但合同的正式化程度存在差异

龙头企业与农户签订的合同，既有严格的文本协议，也有较模糊的文本协议，还有口头协议（陈灿等，2007）。但在实际运行过程中，订单农业还存在着许多的问题，如合同内容不详细、程序不健全、运作不规范等。

（二）龙头企业与农户信息沟通困难

龙头企业与农户合作关系中，作为农产品生产者与供应者的农户具有既数量众多又分布较分散的特点，进而带来了合作各方信息交流与沟通困难，增加了渠

道关系治理的难度，这也是我国农业产业与其他产业的一个重要区别。显然，我国农产品生产者多为分散的家庭个体，参与“龙头企业＋农户”组织模式的生产者数目越多，相互间的信息交流与沟通就越困难，而龙头企业通常也难以建立一个完全的信息交流兼容系统，这就会影响龙头企业与农户间的有效协作。

（三）农业龙头企业与农户合作双方的权力结构不对称

在农业龙头企业与农户合作模式中，农业龙头企业作为一种科层组织，其相对农户而言则具有较强的经济实力和风险承担能力，龙头企业成为小农户与大市场联结的中介，是农产品流通的重要主体。一般来说，农业龙头企业与农户合作关系双方之间权力结构不对称，渠道权力结构严重向农业龙头企业倾斜。其原因主要有：一是从交易双方农产品的交易额来看，农业龙头企业与农户之间的农产品交易额几乎是农户的全部收入，而单个农户提供的农产品在农业龙头企业收购的全部产品中所占的比例却非常小。也就是说，单个农户所提供的农产品对农业龙头企业收购的全部农产品而言几乎可以忽略不计，由此，导致了农户对农业龙头企业的强烈依赖。二是从交易对象的稀缺性来看，由于农产品一般都具有同质性，因此，对农业龙头企业而言，只要是生产相同农产品的农户其相互替代性就较高；相反，对农户而言，能够收购和加工某一特定农产品的农业龙头企业却是相对稀缺的，由此农户往往没有什么其他选择余地，其对农业龙头企业的依赖依然很强。农户对企业的强烈依赖，再加上企业在市场信息、产品检验等方面的优势，使龙头企业在这一渠道关系中处于绝对权力优势地位（张闯，2006）。

（四）龙头企业与农户合同违约率较高，渠道关系不稳定

由于渠道关系双方法律意识不强，相关政策配套不完善，因此，在合同运作过程中，合同违约现象屡见不鲜，这不仅来自农户，也来自龙头企业。当市场价格高时，农民违约卖高价；当市场价格低时，企业拒绝收购或拖欠价款，从而导致农户与龙头企业渠道关系极其不稳定。

二、龙头企业与农户渠道关系治理机制的类型

在龙头企业与农户渠道关系中，龙头企业与农户之间的相互关联和互动行为是非常重要的，因为，渠道关系的好坏在一定程度上取决于渠道成员双方的互动行为，而渠道成员这种互动行为又不是无缘无故产生的。对于渠道关系中的一方

来说，一方面，其可以通过调整自身的行为来增强与对方的合作，更好地满足消费者或用户的需求，获取竞争优势；另一方面，其可以通过对渠道关系的治理来引导渠道成员的关系行为，通过促使渠道成员实施更多期待有益于双方或整个渠道绩效的关系行为，从而改善渠道绩效，提升渠道竞争力。因为是跨组织的控制与治理，施控者与被控者各自独立、相互依赖、互为施控者与被控者，所以一个渠道成员对于另一个或一些渠道成员的控制更多的是建立在平等原则上的沟通或影响，而不是建立在层级制度上的命令和指挥（Skinner & Guiltinan，1985）。

当前，我国龙头企业与农户间联结方式仍然是以合同为主，尽管合同有些是严格的文本协议，有些可能是较模糊的文本协议，也有些可能是口头协议，但毫无疑问对于农户与龙头企业交易关系的建立、运行、维护与治理的主要手段就是合约治理。如郭红东（2006）对浙江省 100 多家农业龙头企业的调查数据进行实证分析结果表明，实行“保底收购，随行就市”的合约履约率要明显高于其他价格条款的合约履约率，这说明了灵活性原则在农业龙头企业与农户间交易中能够起到较好的作用。因此，渠道关系合约（Contract）治理机制是当前龙头企业进行渠道关系治理的重要方式之一。

同时，在龙头企业与农户营销渠道的商业交换中，那种纯粹的分离式的单独交易很少，几乎所有的渠道交易都涉及关系要素，这些关系要素可以用来协调渠道活动，管理渠道成员之间的各种关系。在对龙头企业与农户间渠道关系进行治理的过程中，龙头企业还需根据渠道关系中的关系属性进行关系行为管理。在龙头企业与农户间渠道关系中的关系要素主要有权力、依赖、沟通、合作意愿与条件、信任与承诺等，从龙头企业通过调控关系要素的相互作用以实现对渠道控制与协调的目的这一行为角度，龙头企业进行渠道关系治理的机制还有：渠道关系权威（Authority）治理机制与渠道关系规范（Norms）治理机制。

渠道关系权威治理机制是指渠道成员通过权力和权力的使用来相互控制。在渠道纵向关系中，渠道成员相互依赖或拥有资源的差异和不平衡，从而会使渠道关系中处于有利位置或拥有较大权力的一方产生了对渠道关系中其他成员活动进行控制的机会，即权力较大方由于拥有另一方所需要的稀缺资源因而具有对另一方更大的影响力，而权力较小方则会对权力较大的一方产生依赖性。早期的研究者没有将渠道成员作为潜能的潜在权力与作为行为的渠道权力进行明确的区分，到 20 世纪 80 年代中期，有学者在对渠道权力研究成果全面回顾的基础上，将两者明确区分开来，认为拥有权力和使用权力对于权力对象而言具有不同的效果（Gaski，1984）。拥有权力对权力对象的影响是指渠道权力结构对渠道成员行为的影响，而使用权力对权力对象的影响即为渠道权威治理方式对渠道成员行为的影响，当权力使用作为渠道关系治理方式在对渠道关系进行影响与干预时，一个渠道成员可以选择六种不同的影响策略：许诺策略（Promise Strategy）——如果贵公司按照我们说的去做，我们就会给贵公司某种奖励，或使贵公司获得某些好处；威胁策略（Threat Strategy）——如果贵公司不按照我们说的去做，我们就会用某种方式惩罚贵公司，或做出某些不利于贵公司的事情；法定策略（Legalistic Strategy）——贵公司必须按照我们说的去做，因为根据协议（合同或备忘录），贵公司曾经答应过这样做（隐含的意思是如果贵公司不按照我们说的去做，我们不排除和贵公司打官司）请求策略（Request Strategy）——请按照我们说的去做；信息交换策略（Information Exchange Strategy）——无须说明自己想让对方做什么，只为对方提供信息或与对方探讨什么方式对双方的合作更有利，目的是改变对方的态度与看法，让对方自愿做出有利于己方的决定；建议策略（Recommendation Strategy）——这种策略与信息交换策略看似一样，实则不同，它隐含着“如果贵公司按照我们说的去做，贵公司的盈利状况会更好”（庄贵军，2007）。这些研究普遍认为渠道权威治理方式中的权力运用是一个渠道成员对另一个渠道成员施加影响的策略（Brown et al.，1995）。另外，也有研究者将权力使用视同使用权力基础（Etgar，1978）。但这两部分研究者都一致认为，权力使用可以分为两种基本形式，即使用强制性权力与使用非强制性权力。如 Frazier 和 Summers（1986）将权力使用分为强制性权力使用与非强制性权力使用两类，强制性权力使用指如果目标企业没有依从源企业，则源企业会对目标企业采取负面性制裁的策略，包括威胁策略、许诺策略与法定策略；非强制性权力使用指源企业应用正面性策略，促使目标企业依从的策略，包括请求策略、建议策略和信息交换策略。

渠道关系合约治理机制是指渠道成员通过双方签订契约，由契约来明确和规定渠道成员双方在履行渠道职责时的要求以及可获得的利益条件等，从而借助契约的签订与执行来对渠道关系进行影响和控制的过程。在渠道关系治理理论中，契约是一个较宽泛的概念，Lusch 和 Brown（1996）就将契约分成正式的具有法律效力的契约（Legal Contract）和建立在渠道关系成员共同认可的价值规则与行为规范基础上的规范契约（Normative Contract）。当然，这里的合约治理机制中所签订的契约主要是指正式契约，即指渠道关系双方所达成一致的协议，通过该协议明确双方的权利与义务，协议中对双方权利与义务的规定条款既可能是由单方规定也可能是由双方讨价还价的结果。显然，契约签订得越详细，对渠道关系成员的责任和义务规范得越细，也就越能明确地建立起监督契约执行以及对违约行为进行惩罚的机制，进而使渠道关系成员的行为越能得到相应的约束（Poppo & Zenger，2002）。然而，由于契约的签订与执行都是需要成本的，根据交易成本理论，渠道关系成员对合约治理机制的运用应考虑如何用最小的成本去签订并保证契约的履行，这就要求企业在事先起草和签订契约的成本与保留契约的某些开放性而带来的事后交易成本间进行权衡（Mooi & Ghosh，2001）。现有的研究结果表明，合约治理机制可以有效地抑制渠道关系成员的投机行为（Wuyts & Geyskens，2005）。

渠道关系规范治理方式也称关系型治理，是指渠道成员通过双方获得对协调渠道活动控制关系的价值原则与行为规范的共同认知的方式来控制渠道。共享的价值原则和行为规范是关系交换的显著特征（Brown et al.，2000），这些规范通过交换双方理解并认可彼此期望的社会化过程发展并建立起来，因而其代表了一种能够对交换关系实施控制的重要的社会和组织机制（Ferguson et al.，2005）。其实质是强调企业在渠道治理中采用一种介于企业内部治理（科层型治理）与通过市场交易而不控制（市场型治理）之间的治理方式，它更多地依赖于渠道成员双方彼此的默契、信任、承诺等关系规范来防止渠道成员在合作中有可能发生的机会主义行为，通过渠道成员双方接受并遵守共同的价值规范，在此基础上构建长期渠道双边关系。可见规范治理方式强调在渠道成员中建立和分享共同的社会与价值认知，由此在渠道成员中形成一种分享的价值规范系统，"这种分享的价值规范系统会创造一种双赢的氛围，因而减少了渠道成员中的机会主义行为发生的可能性"（Heide & John，1992）。且摩根和汉特对关系营销的研究也证明，规范治理作为一种关系营销理念下的作用机制其构筑关系结构的主要工具就是信任与承诺。该治理方式在理念上符合渠道关系的发展趋势，符合关系营销理念，因而具有新思想的强大生命力。Claro 等（2003）认为，在中间商渠道中，规范治理往往通过渠道成员之间共同制订计划和共同解决问题来实施。共同制订计划是指渠道成员之间针对未来可能发生的事件及其后果进行讨论与协商，根据预测制定应对措施，明确彼此应承担的责任和义务。共同解决问题是指渠道成员间针对已经发生且引起争议的事件或问题进行讨论与协商，以求问题得到最终解决。合作双方由于彼此的行为方式、目标、期望、利益等方面存在差异，摩擦和冲突在所难免，而共同解决问题则通过大家在一起本着互惠互利、相互理解、相互沟通的原则来共同讨论问题，摩擦和冲突更容易得到解决。

三、传统渠道关系治理机制对渠道绩效影响的理论分析

（一）渠道绩效的度量

对渠道关系治理效果渠道绩效的度量既有定性度量指标，也有定量度量指

标。Mohr 和 Nevin（1990）将渠道成员之间所达成的关系状态称为定性产出，将协调、满意、依从与承诺等关系行为作为渠道关系的定性度量指标，把渠道的整体绩效和每个渠道成员的个体绩效称为定量产出。也有学者未区分定性产出与定量产出，把满意、承诺等反映关系状态变化的变量作为度量渠道绩效的指标（Geyskens et al.，1999）。还有学者对渠道关系定性产出与定量产出之间的关系进行了探讨，提出渠道关系定量产出是定性产出的结果，即认为渠道绩效定量指标的水平取决于渠道成员行为或态度的转变。由此，我们不应将注意力完全放在定量产出上，因为定量产出的水平可能只是表明了渠道关系暂时的有效性，而不能确保渠道关系参与方的长期承诺，同时也就容易忽略关系进程中发生的很多难以量化的事实（胡宝玲，2007）。

因此，根据上述分析，本书认为，度量龙头企业与农户渠道关系状态的定性产出指标，如反映了渠道成员行为与态度的关系行为变量指标是在当前对龙头企业与农户渠道关系进行治理时需要考量的关键变量指标。因此，与当前我国农业龙头企业与农户间关系的现实困境相对应，农户是否能够表现出高水平的情感承诺与农户依从等渠道关系定性产出是当前农业龙头企业最期待实现的，而现实中却又令人遗憾地缺失农户关系行为的核心指标维度，也是有助于提升渠道价值的核心关系行为指标维度。因此，本书在下面关于传统渠道关系治理机制对渠道绩效的影响分析中，对渠道绩效的变量指标也就选取了渠道绩效的定性产出指标，如农户情感承诺和农户依从等为核心维度的农户关系行为指标。

（二）传统渠道关系治理机制对渠道绩效的影响

1. 权威治理机制对渠道绩效的影响

为了在渠道成员之间明确职责、协调分工、解决矛盾与冲突、争取合作、提高渠道效率，拥有和使用渠道权力是必需的（Stern & EI – Ansary，1992）。Frazier 和 Summers（1986）将权力使用分为强制性权力运用和非强制性权力运用两类。

当龙头企业运用强制性权力时，其对农户的影响主要是外部控制性的，农户的行为被获取奖励或避免惩罚的诱因所规定。也就是说，农户是为了获得奖励或为了避免惩罚才有可能顺从了龙头企业的要求。它是基于农户对其顺从与不顺从的成本与收益分析而产生的行为，而一旦来自龙头企业的外部诱因减弱或监管松懈时，引诱的依从具有较高的概率恢复到原先状态。更关键的是，使用强制性权力不会引致农户对龙头企业要求的行为产生积极的态度，反而会使农户感知到外部控制正在被龙头企业所施加，龙头企业正在试图操纵自己的行为。根据态度改变理论，当农户意识到龙头企业正在试图改变自己时，他们就会怀疑别人的动机，进而在心理上出现自发的抵制并尽可能地保持自我控制（胡宝玲，2007）。而持有这种消极态度的农户是不太可能自愿地遵照龙头企业的要求来行事的。

当龙头企业运用非强制性权力时，由龙头企业向农户提供相关信息或建议，由农户自主决策是否顺从龙头企业的行为要求。根据态度改变理论，当龙头企业针对农户使用非强制性权力时，龙头企业是在更多地通过与农户有效的沟通来改变农户的认知，以降低彼此的认知冲突。由此，农户认为龙头企业没有操纵自己的意图，因而，在心理上也就不会产生抵制反应，对有关信息的接受度就较高，易于接受龙头企业提出的要求。实质上，这是龙头企业在使用以理服人的策略，而以理服人的策略导致更加频繁地顺从意图。同时，龙头企业在使用非强制性权力时表现出龙头企业既考虑了对方利益，又给予了对方面子，这也使得农户处于较好的精神状态，且会用更积极的眼光与情绪来看待龙头企业的动机。农户这种积极态度的形成会进一步增加农户对龙头企业的信任，增加农户按照龙头企业的要求行事和做出相应改变的可能性。因此，渠道关系权威治理方式对农户依从具有重要的影响，一般来说，当龙头企业使用强制性权力对农户依从具有负向的影响，而使用非强制性权力对农户依从具有正向的影响。

农户情感承诺对准确测度与反映农户对发展与维持其与龙头企业间良好的、稳定的渠道关系的真实意愿或态度具有重要的作用，即具有情感承诺的农户不再单纯地从经济动机方面考虑维持与龙头企业之间的关系，而是认为其从感情上有义务保持与龙头企业之间的关系。毋庸置疑，农户情感承诺不会自发形成，其在一定程度上受制于龙头企业如何对渠道关系进行治理。

当龙头企业使用强制性权力时，农户行为的自主决策权受到极大的限制，在很大程度上其行为完全被龙头企业所调控，即农户是迫于龙头企业对其的威逼或利诱才实施了相应的行为，而其内心并不会产生认同感，特别是龙头企业越是频繁地使用强制性权力，农户越是不愿意与龙头企业进行深入的互动与有效的沟通，越是减少对龙头企业的认同感和非经济满意水平。而不管是经济满意还是非经济满意水平的降低，经销商通常都会产生反感情绪，而且他们也会用同样的方式来回应对方（Frazier，1991）。因此，农户非经济满意水平的降低就会进一步加剧农户与龙头企业间的冲突，引发农户对龙头企业更多的消极情感。由此，农户和龙头企业越发只关注自身的利益，不考虑对方的利益和感受，双方一致性程度的降低促使渠道成员主要从经济利益角度考虑关系的保持，而双方基于情感的动机，互相帮助、支持的可能性进一步降低，可见强制性权力使用降低了农户的关系承诺。Morgan 和 Hunt（1994）指出，强制性权力使用消极地影响了关系承诺。

当龙头企业使用非强制性权力时，其并不打算直接改变农户的行为，也不提及行为后果，只是通过信息的提供和交换让农户自主决定自己的行为，农户行为时并不受外在压力的控制。明确可靠的信息与有关经营建议的提供会让经销商感觉制造商是真诚的、可靠的，致力于共同解决问题，有助于在关系中形成良好的合作氛围（Geyskens & Steenkamp，1999）。当一个个体与其他人共同解决问题或一起完成任务或工作时，人们将体验到积极情感并将此情感归因于关系。因此，使用非强制性权力，农户不仅提高了与龙头企业间因合作而带来的经济满意度，还向农户传递了这样的信息：龙头企业不仅关注自身的利益，也会考虑农户的利益，龙头企业是喜欢合作的、关心自己和喜欢自己的，由此，增加了农户对其与龙头企业间关系的依恋与归属感，提高了农户的非经济满意度。正是由于农户与龙头企业间良好的合作氛围，农户经济满意度与非经济满意度均大幅增加，农户心理内化过程便开始发生，即农户逐渐地会认同龙头企业的规则和价值观，将其转化为自己的规则与价值观，农户与龙头企业间逐渐形成高度的一致性，而这种高度的一致性使农户行为时不仅出于经济利益的考虑，更多的是出于对龙头企业的忠贞、情感而保持与龙头企业间的长期关系（胡宝玲，2007）。Morgan 和 Hunt（1994）也将共享价值观作为承诺的前因并证明它与承诺间显著正相关。因此，渠道关系权威治理方式对农户情感承诺具有重要的影响，一般来说，当龙头企业使用强制性权力对农户情感承诺具有负向的影响，而使用非强制性权力对农户情感承诺具有正向的影响。

2. 合约治理机制对渠道绩效的影响

渠道成员通过双方协商签订契约，由契约来明确和规定渠道成员双方在履行渠道职责时的要求以及可获得的利益条件等，从而借助契约的签订与执行来对渠道关系进行影响和控制，以抑制渠道成员针对己方的投机行为，或将渠道投机行为最大限度地降低到可以接受的范围内，进而保护己方投入的交易专用资产。Wuyts 和 Geyskens（2005）通过研究指出合约治理机制可以有效地抑制渠道关系成员的投机行为。

在运用合约治理机制进行渠道关系治理时，契约一般是指正式的具有法律效力的契约，此时，契约签订得越详细，对渠道关系成员的责任和义务规范得越细，也就使契约中的各项条款可操作性越强，越能明确地对契约是否得以执行建立起相应的监督机制，以及对可能的履约或违约行为实施相应的奖励或惩罚，使渠道关系成员的行为得到相应的激励与约束，进而大大降低农户发生道德风险与逆向选择的风险。如在签订一份较具体的契约中，契约双方会试图明确交易的农产品定价方式、协商机制、交易行为决策与调整机制，明确规定在合作期间如何处理未来有可能发生的各种问题，如果出现某一行为如何处置等，显然，契约制订得越具体详细，对合作中的各项交易条件规定得越细致，对违约的条件、处罚措施的确定越明确，农户积极行为与投机行为就越容易得到监督与识别。此时，农户便会基于其对契约的履行与不履行的成本与收益分析而做出理性的决策。显然，契约越是对农户有可能产生的投机行为以及产生后施以的惩罚措施规定得越明确，农户就越对其行为后果具有更清晰的认识，有鉴于法律惩罚的威慑力，农户为了获得奖励或为了避免惩罚就更有可能顺从龙头企业的要求，当然，这一治理机制有效运行的关键有赖于一个国家合约保护机制的健全程度。

利用合约治理机制的过程主要包括合约谈判、合约制订、合约实施与协调等环节，在这一过程中，龙头企业与农户间通过充分的沟通与协商，共同对其未来的合作做出较正式的书面约定，通过事先预判未来有可能出现的问题与冲突，建立起相应的解决办法、协商与处理机制等，以使未来双方的合作关系更为稳定。这一过程通过信息的提供与交换一定程度上农户自主决定自己的合作行为，与龙头企业一起共同面向未来进行协商、规划以及解决可能发生的问题时，农户将会体验到一种积极的情感，感受到龙头企业对双方合作关系的关注与重视：其不仅关注自身的利益，也会考虑农户的利益，龙头企业是喜欢合作的，其对未来的合作态度是诚恳的，对未来有可能存在问题的解决是积极的，由此一定程度上就会提高农户的非经济满意度。因此，渠道关系合约治理机制对农户关系行为具有重要的影响，一般来说，当龙头企业越愿意与农户通过充分的沟通与协商，制订越详细而具体的契约，农户就越愿意表现出合作的态度与行为，农户依从程度就会较高，且对龙头企业表现出较高的非经济性满意度，进而提升农户情感承诺水平。

3. 规范治理机制对渠道绩效的影响

Claro 等（2003）认为，规范治理是通过渠道成员之间共同制订计划和共同解决问题来实施的。因此，在对农户与龙头企业间关系的治理中，规范治理往往通过龙头企业与农户之间共同制订计划和共同解决问题来实施。

当龙头企业与农户在共同制订计划时，一方面，龙头企业与农户就双方合作的目标、方式、期望、利益分配等进行不断的沟通与协商，事先通过充分的信息交流使双方的感知逐渐达成一致，由此使农户更容易感知到龙头企业提出要求的合理性，也就增加了农户依从的可能性。Raven（1970）已经从理论上证明，改变感知的影响行为导致积极影响进而导致依从，并指出它比其他影响机制能够更好地预测实际依从。另一方面，通过双方充分的沟通与协商来共同制订的计划更容易得到双方的认可，解决契约制订过程中的信息不对称问题。同时，共同制订计划还通过双方较充分的信息沟通在一定程度上解决了信息不对称问题，促进了农户自我履约机制作用的发挥，进而增加了农户履约的可能性。

共同解决问题是指渠道成员间针对已经发生且引起争议的事件或问题进行讨

论与协商，以求问题得到最终解决。通过对已经发生的摩擦和冲突的有效化解，使农户感知龙头企业不仅会关注自身的利益，也会考虑对方的利益，在面临着风险、困难、摩擦与冲突等问题时，龙头企业会与农户紧紧地联合在一起共同面对、共同解决问题，由此进一步增加了农户对龙头企业的信任，提高了龙头企业与农户的关系质量。农户对龙头企业信任的提升以及关系质量的改善，则会增加农户按照龙头企业要求行事和作出相应改变的可能性。因此，渠道关系规范治理方式对农户依从具有重要的影响，一般来说，当龙头企业与农户共同制订计划对农户依从具有正向的影响，而当龙头企业与农户共同解决问题则对农户依从具有正向的影响。

通过规范治理方式的运用，当龙头企业与农户共同制订计划时，一方面，促进了双方的交流沟通，当双方关系随着时间而发展时，互动可能包括了更广泛的、更深入的问题，农户对龙头企业的信任大幅增加。Morgan 和 Hunt（2004）认为，信任是承诺的基础，一个渠道成员越相信对方，它就越愿意与其保持高水平的合作关系，信任水平的高低决定着情感承诺的程度。另一方面，扩展了交易方对彼此的竞争力、目标和未来预期的知识，从而潜移默化地导致共同创新、对问题采取新的解决办法等。随着农户与龙头企业良好合作关系的形成，农户经济满意度与非经济满意度均大幅增加，农户心理内化过程便开始发生，农户逐渐地会认同龙头企业的规则和价值观，将其转化为自己的规则与价值观，由此，农户与龙头企业在一定程度上建立起了共同的价值观，Morgan 和 Hunt（1994）则将共享价值观作为承诺的前因并证明它与承诺间显著正相关。

而当龙头企业与农户共同解决问题时，一方面，双方通过紧密合作对已经发生的摩擦和冲突进行有效的化解，通过共同努力有效地解决和处理好问题则使双方的合作关系更加稳定、渠道效率更有保障，增加了农户的经济满意度和非经济满意度，培育出更强的信任、沟通、关系满意等，进而增加了农户对龙头企业的承诺水平。另一方面，这一治理方式实质上是双方在运用建设性的冲突解决办法，虽然建设性的冲突管理并不总是能保证挽救暂时限于麻烦之中的渠道关系，但却能够解释不相容的价值观和承诺的变化。事实上，冲突常常可以作为关系重新再生的来源，如果处理得好的话，可以使关系进入一个新的阶段，培育出更强的信任、沟通、关系满意、稳定和个体成长。因此，渠道关系规范治理方式对农户情感承诺具有重要的影响，一般来说，当龙头企业与农户共同制订计划对农户情感承诺具有正向的影响，而龙头企业与农户共同解决问题对农户情感承诺也具有正向的影响。

四、传统渠道关系治理机制对渠道绩效影响的实证研究①

根据上文传统渠道关系治理机制对渠道绩效影响的理论分析可知，要想激励与引导农户关系行为达到理想的行为状态，龙头企业就必须要合理地运用渠道关系治理机制。权威治理机制是指渠道成员通过权力与权力运用来相互控制，通过它调节和规范渠道成员的行为，改善现有渠道关系；规范治理机制是指渠道成员通过达成互信、承诺、合作等关系规范来相互控制；合约治理机制是指渠道成员之间通过签订合同来相互控制。在这里，本书的主要研究对象是契约型关系框架下的农户与农业龙头企业交易关系，探讨的是已经签订了合同的交易双方关系的维护和治理，由此，我们只研究权威治理与规范治理机制对农户关系行为的影响。

（一）理论分析与研究假设

1. 权威治理方式对农户依从的影响

根据上节中我们对权威治理方式影响渠道绩效的理论分析发现，权威治理方式对农户依从具有重要的影响，如当龙头企业使用强制性权力时，其对农户的影响主要是外部控制性的，农户行为是被获取奖励或避免惩罚的诱因所规定，农户基于其顺从与不顺从的成本与收益分析而产生行为，此时，一旦农户感知到来自外部的诱因减弱或监管松懈时，其之前被引诱的顺从就极有可能回到原先状态。更为关键的是，使用强制性权力不仅不会对引导农户表现出龙头企业期待的行为产生积极的影响，反而会使农户感知到龙头企业正在试图控制与操纵其行为。根据态度改变理论，一旦农户感知到对方正在试图控制与操纵其行为时，他们就会怀疑龙头企业的动机，进而在心理上出现自发抵制并尽可能地保持自我控制。而当龙头企业使用非强制性权力时，龙头企业是通过向农户提供相关信息或建议，由农户自主决策是否顺从龙头企业的行为要求，龙头企业这一行为方式既考虑了对方利益，又给予了对方面子，使得农户会用更积极的眼光与情绪来看待龙头企业的动机，实质上，这也是龙头企业在使用“以理服人”的策略，而以理服人策略会导致更加频繁地顺从意图。根据态度改变理论，此时农户认为龙头企业没

① 本节内容曾发表于《软科学》2014 年第 12 期，这里略有删节和修改。

有操纵自己的意图，因而，在心理上就不会产生抵制反应，对龙头企业提出的要求的接受度就较高。

基于上述分析，我们提出如下假设：

H1：渠道关系权威治理方式对农户依从产生显著影响。

H1a：使用强制性权力对农户依从产生负向影响。

H1b：使用非强制性权力对农户依从产生正向影响。

2. 权威治理方式对农户情感承诺的影响

同样，根据前文中我们对权威治理方式影响渠道绩效的理论分析发现，权威治理方式对农户情感承诺具有重要的影响，如当龙头企业使用强制性权力时，农户行为自主决策权受到极大的限制，在很大程度上其行为完全被龙头企业所调控，即农户是迫于龙头企业对其的威逼或利诱才实施了相应的行为，而其内心并不会产生认同感，特别是龙头企业越是频繁地使用强制性权力，农户越是不愿意与龙头企业进行深入有效的沟通，其对龙头企业的认同感和非经济满意水平就越是减少。农户非经济满意水平的降低又会进一步加剧双方的冲突，引发农户对龙头企业更多的消极情感，导致双方主要从经济利益角度考虑关系的保持，而基于情感的动机，互相帮助、支持的可能性进一步降低。而龙头企业使用非强制性权力时，龙头企业只是通过信息的提供和交换让农户自主决定自己的行为，农户行为时并不受外在压力的控制。由此，不仅提高了农户与龙头企业间因合作而带来的经济满意度，还向农户传递了这样的信息：龙头企业不仅关注自身利益，也会考虑农户利益，龙头企业是关心和喜欢自己的，进而增加了农户对其与龙头企业间关系的依恋与归属感，提高农户非经济满意度。此时，农户心理内化过程也开始发生，农户逐渐地会认同龙头企业的规则和价值观，并逐步转化为自己的规则与价值观，通过这一内化过程双方最终达成高度的一致性，而这种高度一致性使农户行为时不仅出于经济利益考虑，还会出于对龙头企业的忠贞、情感而保持与龙头企业间的长期关系。

基于上述分析，我们提出如下假设：

H2：渠道关系权威治理方式对农户情感承诺产生显著影响。

H2a：使用强制性权力对农户情感承诺产生负向影响。

H2b：使用非强制性权力对农户情感承诺产生正向影响。

3. 规范治理方式对农户依从的影响

同样，根据上节中我们对规范治理方式影响渠道绩效的理论分析发现，规范治理方式对农户依从具有重要的影响，如当龙头企业与农户共同制订计划时，一方面，围绕合作的目标、方式、利益分配等，关系双方进行不断的沟通与协商，通过这一充分的信息沟通与交流，双方感知逐渐达成一致，于是，农户就能更容易地感知到龙头企业所提要求的合理性，进而增加农户依从的可能性；另一方面，通过双方充分的沟通与协商来共同制订的计划更容易得到双方认可。同时，通过双方较充分的信息沟通还在一定程度上解决了信息不对称问题，促进农户自我履约机制作用的发挥，进而增加农户履约的可能性。而当龙头企业与农户共同解决问题时，关系双方针对已经发生与争议的问题进行讨论与协商，力求问题得以妥善解决。通过对已经发生的摩擦和冲突的有效化解，使农户感知到龙头企业不仅会关注自身的利益，也会考虑到对方的利益，在面临风险、困难、摩擦与冲突等问题时，龙头企业会与农户紧紧地联合在一起共同面对、共同解决问题，由此，进一步增加农户对龙头企业的信任，提高关系质量，而信任的提升与关系质量的改善，则会增加农户按照龙头企业要求行事或作出相应改变的可能性。

基于上述分析，我们提出如下假设：

H3：渠道关系规范治理方式对农户依从产生显著影响。

H3a：共同制订计划对农户依从产生正向影响。

H3b：共同解决问题对农户依从产生正向影响。

4. 规范治理方式对农户情感承诺的影响

同样，根据上节我们对规范治理方式影响渠道绩效的理论分析发现，规范治理方式对农户情感承诺具有重要的影响，如当龙头企业与农户共同制订计划时，一方面，促进了双方的交流与沟通，随着双方关系的发展，互动可能包括更广泛、更深入的问题，由此农户对龙头企业的信任大幅增加，而信任在交易关系中是极为重要的一种经济资产，有利于促进双方的合作，在高度信任时，企业一般较少倾向依赖复杂的防御去指定、监督和执行协议；另一方面，扩展了交易方对彼此竞争力、目标和未来预期的知识，从而潜移默化地导致共同创新、对问题采取新的解决办法等。随着双方良好合作关系的形成，农户经济满意度与非经济满意度均大幅增加，农户心理内化过程便开始发生，由此，农户与龙头企业一定程度上建立起了共同的价值观。而龙头企业与农户共同解决问题时，龙头企业与农户是通过合作的方式来对已经发生的冲突问题等进行有效的化解，显然，这一有效的化解方式与过程，使得双方的合作关系更加稳定，渠道效率更有保障，农户经济满意度和非经济满意度大幅增加，相互间的信任、沟通、关系满意等也大大增强，进而有利于提高农户承诺水平。同时，该治理方式的实质是一种建设性的冲突解决办法，这种方法虽不能保证总是能“挽救”限于麻烦之中的渠道关系，却能解释双方不相容的价值观和承诺的变化。事实上，冲突常常可以作为关系重新再生的来源，如果处理得好的话，可以使关系进入一个新的阶段，培育出更强的信任、沟通与关系满意等。

基于上述分析，我们提出如下假设：

H4：渠道关系规范治理方式对农户情感承诺产生显著影响。

H4a：共同制订计划对农户情感承诺产生正向影响。

H4b：共同解决问题对农户情感承诺产生正向影响。

（二）实证分析

1. 样本选取与数据来源

我们选取了江西省安义、湖口、兴国等16个县市约800家与龙头企业有契约关系的农户为调研对象，数据收集分为预测试和正式测试两个阶段，预测试阶段发放问卷100份，回收81份，回收率达81%，剔除无效问卷15份，最终有效问卷66份。正式测试阶段发放问卷700份，回收536份，回收率76.6%，有效问卷450份，有效问卷率为64.3%。

2. 变量测量

本书涉及的变量测验量表包括4个：

（1）权威治理方式量表。根据Gaski（1986）等的量表进行适当修订而得出，共15道题，用于测试龙头企业通过权力运用进行治理的特点。因子分析提取出使用强制性权力与非强制性权力两个因子，删掉两个因子负荷较低的题项，最后使用强制性权力6个题项（$\alpha = 0.915$）、非强制性权力7个题项（$\alpha = 0.911$），对测量结果总解释度为67.803%。

（2）规范治理方式量表。通过对Claro等的量表进行适当的修订而得出，共9道题，用于测试龙头企业运用规范治理的情况。因子分析提取出了共同制订计划与共同解决问题两个因子。α为0.895，对测量结果总解释度为62.381%。

（3）农户依从量表。根据Kumar（1992）等的量表进行适当修订而得出，共3道题，测量的是农户遵照龙头企业要求行事的程度，主要评价一段时间内农户实际按照龙头企业要求行事的频率。α为0.82，对测量结果总解释度为74.198%。

（4）农户情感承诺量表。根据Kumar（1995）等的量表进行适当修订而得出，共5道题，测量的是农户以忠贞和真诚的情感来保持其与龙头企业渠道关系的特点。α为0.82，对测量结果总解释度为64.094%。

3. 假设检验

（1）权威治理方式对农户依从影响假设检验。将有关数据代入Amos7.0运行后得到模型主要拟合度指标如表4-1所示，根据Amos修改建议修正后的模型M_2与初始模型M_1相比，模型适配度检验各项拟合指标都有较好的改善。因此，接受模型M_2为权威治理方式对农户依从影响的结构方程模型。

表 4－1 权威治理方式对农户依从影响的拟合指标

	χ^2/df	P	RMSEA	GFI	PNFI	PGFI	NFI	CFI
M_1	6.170	0.000	0.107	0.838	0.735	0.634	0.856	0.876
M_2	1.151	0.151	0.018	0.971	0.764	0.671	0.976	0.997

从修正后模型最优拟合解图 4－1 得到假设检验结果：使用强制性权力对农户依从产生正向的影响；使用非强制性权力对农户依从产生正向的影响。因此，H1 得到部分验证，其中 H1a 未获得支持。

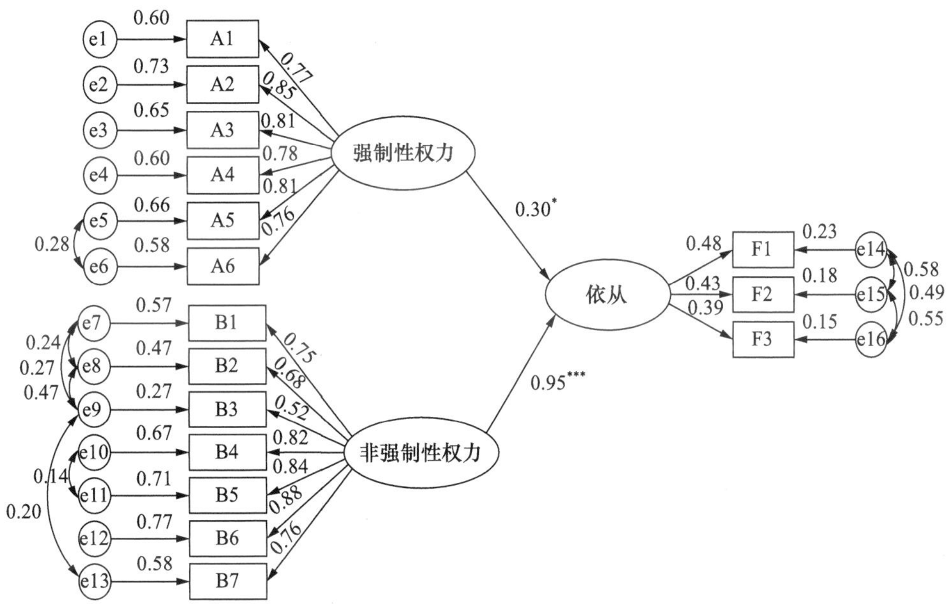

图 4－1 权威治理方式对农户依从影响模型

注：*** 代表 $p<0.001$，* 代表 $p<0.05$。

（2）权威治理方式对农户情感承诺影响假设检验。将有关数据代入 Amos7.0 运行后得到模型主要拟合度指标如表 4－2 所示，根据 Amos 修改建议修正后的模型 M_2 与初始模型 M_1 相比，模型适配度检验各项拟合指标都有较好的改善。因此，接受模型 M_2 作为权威治理方式对农户情感承诺影响的结构方程模型。

表 4－2 权威治理方式对农户情感承诺影响拟合指标

	χ^2/df	P	RMSEA	GFI	PNFI	PGFI	NFI	CFI
M_1	3.491	0.000	0.074	0.878	0.798	0.688	0.911	0.935
M_2	1.055	0.320	0.011	0.966	0.778	0.689	0.976	0.999

从修正模型最优拟合解图 4－2 得到假设检验结果：使用强制性权力对农户情感承诺产生负向的影响；使用非强制性权力对农户情感承诺产生正向的影响。因此，H2 获得支持。

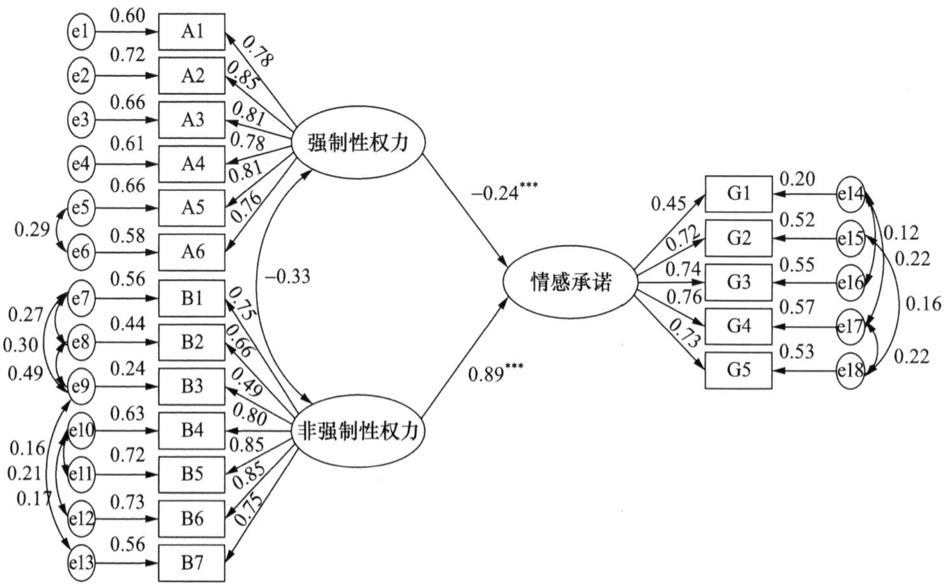

图 4－2　权威治理方式对农户情感承诺影响模型

注：*** 代表 $p<0.001$。

（3）规范治理方式对农户依从影响假设检验。将有关数据代入 Amos7.0 运行后得到模型主要拟合度指标如表 4－3 所示，根据 Amos 修改建议修正后的模型 M_2 与初始模型 M_1 相比，模型适配度检验各项拟合指标都有较好的改善。因此，接受模型 M_2 作为规范治理方式对农户依从影响的结构方程模型。

表 4－3　规范治理方式对农户依从影响的拟合指标

	χ^2/df	P	RMSEA	GFI	PNFI	PGFI	NFI	CFI
M_1	14.739	0.000	0.175	0.795	0.540	0.540	0.672	0.686
M_2	0.931	0.606	0.000	0.985	0.684	0.581	0.982	1.000

从修正模型最优拟合解图 4－3 得到假设检验结果：共同制订计划对农户依从产生正向影响没有通过验证；共同解决问题对农户依从产生正向影响。因此，

H3 得到部分验证，其中 H3a 未获得支持。

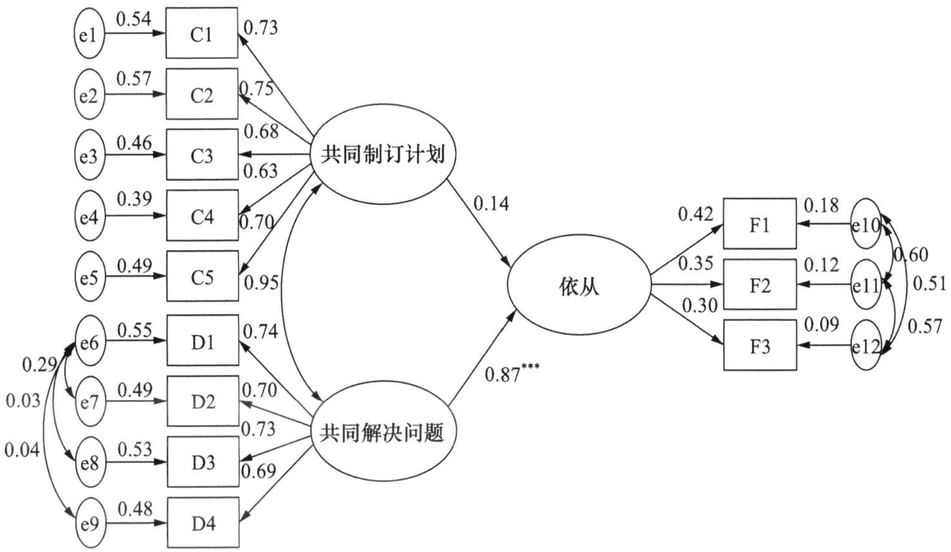

图 4-3 规范治理方式对农户依从影响模型

注：*** 代表 $p<0.001$。

（4）规范治理方式对农户情感承诺影响假设检验。将有关数据代入 Amos 7.0 运行后得到模型主要拟合度指标如表 4-4 所示，根据 Amos 修改建议修正后的模型 M_2 与初始模型 M_1 相比，模型适配度检验各项拟合指标都有较好的改善。因此，接受模型 M_2 作为规范治理方式对农户情感承诺影响的结构方程模型。

表 4-4 规范治理方式对农户情感承诺影响拟合指标

	χ^2/df	P	RMSEA	GFI	PNFI	PGFI	NFI	CFI
M_1	6.084	0.000	0.106	0.907	0.711	0.648	0.863	0.882
M_2	0.740	0.953	0.000	0.984	0.789	0.684	0.984	1.000

从修正模型最优拟合解图 4-4 得到假设检验结果：共同制订计划对农户情感承诺产生正向影响；共同解决问题对农户情感承诺产生正向影响。因此，H4 获得支持。

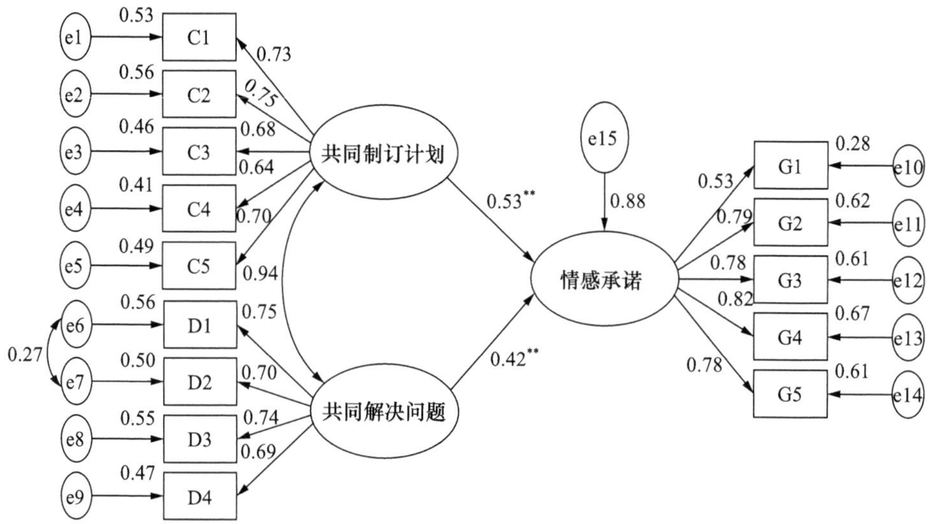

图 4－4　规范治理方式对农户情感承诺影响模型

注：** 代表 $p<0.01$。

（三）结果与讨论

第一，应综合运用权威治理与规范治理方式来更有效地管理渠道关系，以弥补单独运用某一种治理方式存在的不足。应通过规范治理方式来建立与发展规范关系，增加农户与龙头企业间相互的信任与承诺，为恰当运用权威治理提供好的环境与条件，而又通过权威治理方式抑制机会主义行为发生的可能性。强制性权力运用在某些情况下可能会更有效，如规范治理方式虽然考虑了龙头企业与农户关系双方的需要以及双方共同接受的行为规范，即便是双方对于这些规范不存在异议，但是由于未来的不确定性和未知风险，导致双方在对渠道活动的预期上仍然有可能较模糊，针对这些模糊如果沟通不畅或沟通错误导致无效的协作，也就更有可能产生机会主义行为。这时，权威治理就更适合用来抑制机会主义行为，正如本书实证结果“运用强制性权力越多，农户依从水平越高”，这也说明权威治理可能更适合用来抑制机会主义行为。

第二，应增加龙头企业代表人与农户之间面对面接触、沟通的机会，培育与发展关系双方良好的私人关系，促进农户情感承诺水平的提升。研究发现，共同制订计划和共同解决问题与农户情感承诺具有正相关关系。同时，关系双方通过在一起共同制订计划、共同解决问题又创造了更多面对面的接触与沟通机会，而频繁、高质量的面对面接触与沟通机会，可以激发出农户对龙头企业的积极情感，进而促进农户情感承诺水平的提升。

第三，应改变关系双方以前以物质经济报酬为主的激励方式，尽量使其形式多样化、现代化，如对农户进行技术培训、提供技术指导以及各种形式的帮助、共同制订行动计划以及协商化解合作过程中出现的各种问题等，有效地激励农户将其发展目标与龙头企业的长远发展目标有机结合起来，从而最终使农户与龙头企业的长远利益实现有机的统一。

第四，应培育与建立农户和龙头企业所共同接受的关系规范。关系规范是针对渠道双方合作行为的双边协调机制，它强调渠道成员应有保持良好关系的共同期望以及力图寻求互惠的解决方法的意愿。由此，通过规范治理机制使渠道成员之间达成一系列的隐性规则或规范，使农户形成与龙头企业较一致的价值观、行为准则，以协调关系双方的活动与关系，并在关系双方之间形成较高水平的互信与承诺，提高农户依从与情感承诺水平。

五、传统渠道关系治理机制的治理失灵困境

根据上述分析，在龙头企业与农户合作过程中，由于龙头企业与农户所追求的目标与利益不同，双方在合作过程中发生渠道冲突和机会主义行为有时是难以避免的，如果不对渠道关系中的这种冲突与机会主义行为进行有效的治理，则有可能导致交易费用太高而使双方关系难以维系甚至终止。由此，为实现龙头企业与农户合作关系稳定性的目标，运用渠道关系治理机制就极有必要，渠道关系治理机制之所以能调和渠道成员间相互冲突或不同利益而采取联合行动，一是得益于渠道成员自觉地遵循正式制度、惯例的过程，即基于正式契约的治理效果；二是得益于符合渠道整体利益的各种非正式制度，如信任、承诺、习俗、价值观和伦理道德等，即基于关系契约的治理效果。前文对基于正式契约的权威治理机制、合约治理机制与基于关系契约的规范治理机制影响农户依从与情感承诺等关系行为的影响进行了分析，表明传统渠道关系治理对促使龙头企业与农户有效地开展合作，提升渠道关系质量具有重要的影响。然而，现实中传统渠道关系治理机制的运用又由于种种原因存在着治理失灵现象，面临着一定的治理困境。

（一）基于正式契约的合约与权威治理机制及其困境

在龙头企业与农户合作过程中，基于正式契约的渠道关系治理主要表现为：一方面，龙头企业与农户间通过签订正式合同来规范与约束双方的行为，即在利

用合约治理机制进行渠道关系的治理。在这里，双方签订的契约是渠道成员共同达成的约定，它可以由一方拟定或通过谈判由双方共同协商拟定，也可以是预先就有的或依情况变化适当修改的。契约定义和正式规定了渠道成员执行渠道任务的要求和获得利益的条件，在一定程度上可以详细地、有约束性地来识别各方的地位和义务（Jap & Ganesan，2000）。另一方面，为保障正式契约得以履行，龙头企业与农户需要通过权威治理机制来影响相互的行为，即一方为实现渠道关系治理目的，利用其在渠道关系中的产权、资源、位置优势等而获得的权力对其他成员的行为施加影响。如通过使用权力基础或者权力策略等方法使一个渠道成员去做它原本不愿意做的事情，或当交易出现纠纷时，交给法院仲裁等。

显然，基于正式契约的渠道关系治理机制有效运行的前提假设是国家的法律制度及其执法机构能够清晰地界定产权，保障契约自由和契约履行。现实运行中其困境主要表现在：

1. 信息不对称导致的治理失灵问题

由于信息不对称或者不完全信息以及人的有限理性，契约总是不完备的，即任何契约都难以预计与囊括龙头企业与农户交易过程中有可能出现的各种变化以及由此带来的权利与义务的变更，交易各方的机会主义行为倾向经常会破坏契约的履行，导致合约治理的失灵。耶鲁大学 Gilmore（1974）在其名著《契约的死亡》中写道："有人对我们说，契约和上帝一样已经死亡，的确如此，这没有任何可以怀疑的。"

2. 司法仲裁的非效率性导致的治理失灵问题

由于司法仲裁与诉讼成本往往很高；法官面临的信息不对称或信息不完全性，违约责任常常难以验证；即使获得胜诉，裁决后的结果能否得到顺畅执行等诸多原因，即使是在法律系统完善的国家，司法仲裁也并不是有效率的。几乎所有国家的经验都表明，正式法律制度运行成本高昂、可信度低下，容易产生偏见和腐败（Dixit，2004）。而这种情况在绝大多数发展中国家和转型国家中则表现得更明显，Murrell（1996）指出，许多转型国家的法律如同空中楼阁。虽然处理经济纠纷的法院裁决系统在一些国家运转起来了，但法律判决的执行依然是一个老大难问题。

3. 龙头企业与农户间权力结构不对称导致的治理失灵问题

由于我国实行家庭联产承包经营体制，龙头企业实际上根本就无法找到具有一定规模并与其对等的农产品生产者来开展合作，它面对的是近似原子化的农产品生产者群体，即单个的农户，这种合作关系实际上是先天不足的，从一开始契约的签订就难以在双方共同协商与沟通的基础上来进行，导致契约不完备，在农产品生产过程中显然又存在着信息不对称性，而最终农户如果违约龙头企业考虑行使合法权时又面临着成本与收益的约束等，从而导致权威治理机制难以发挥应有作用。张闯（2006）提出，在龙头企业与农户营销合作中，由于权力结构过度倾斜，当渠道中权力弱势地位的农户采取一致性的反抗行为时，无论这种一致性行为是自发形成的还是计划形成的，权力优势方龙头企业的权力就会失效。

（二）基于关系契约的规范治理机制及其困境

Granovetter（1985）指出，经济活动是嵌入在一定的社会关系之中的，只有在一定的社会关系中才能理解具体的经济活动。麦克尼尔（2004）也指出，交易是一种社会性交换，进入交换的不仅仅是合意，还包括身份、社会功能、血缘关系、权威体系、习惯与宗教义务等社会性因素。交易也不是一次性的，是面向未来的长期交易。这就意味着一切契约都必须放在一定的社会关系中才有实质性的意义，每一个契约也就必然是一种关系契约，对于契约的思考应考虑到关系嵌入性，契约履行和纠纷处理都应以维护长期关系为原则，使契约保持相互性、团结性和合作性（袁正、于广文，2012）。

由于交易的不确定性以及契约的不完备性，交易主体对其是否要履行契约具有较大的灵活性，而关系契约强调了各交易主体应共同遵循的规范、惯例和制度等，各交易主体要想保持长期互惠的合作关系，就必须在交易过程中尽量遵循大家都认可的规范、惯例、习惯、习俗与制度等。现实中，私下解决也比司法仲裁更常见，更有效率，几乎所有的社会，即便是在一些制度功能完善、法律机制健全的国家中，人们也经常不直接依赖于正式法律机制来处理交易纠纷，而更愿意选择通过私下协商来解决问题。发生交易纠纷时，人们首先借助各种非正式安排如协商、口头协定、习俗和惯例等来解决问题。只有在私下解决问题的种种途径都失败之后，才求助法律手段，走上法庭也就意味着双方关系的彻底破裂（Dixit，2004）。在很多场合，纠纷各方也可以想出一些更满意的其他解决办法，而法律专家只会凭着对这些纠纷的一知半解，生搬硬套一般的法律规定。

以关系契约为基础的规范治理机制并不以正式法律机制为中心，而是各交易主体间基于未来交易价值形成的非正式协议，是通过交易主体间达成一系列的隐性规则或规范来协调双方的活动与关系。这种非正式的隐性规则或规范虽然不具有像正式机制那样的强制性要求，但对当事人具有强烈的内在约束作用。正如制度主义提出，组织或个人必须要接受和采取外界公认的、赞许的形式和做法，如果行为有悖于公认的制度环境，就会出现合法性危机，对今后的发展造成困难。作为正式契约的补充，关系契约有利于降低契约成本与协调交易冲突，并维持长期的交易关系（袁正、于广文，2012）。显然，关系规范是一种依赖双方合作行为的双边协调机制，强调各交易主体保持关系的共同期望并力图寻求互惠解决方法的意愿，使用规范治理可以在更大程度上抑制渠道成员的投机行为。

基于关系契约的治理成功与否，取决于两个基本条件，关系群体的稳定性以及迅速准确的信息流动与自我执行。订单农业中，一方面，受龙头企业与农户关系群体稳定性的影响。如当龙头企业选择合作的农户家庭、宗族与地缘等社会关系网络稳定性较好时，群体形成的共同关系规范则对当事人具有强烈的内在约束作用，任何有悖于公认规范的行为都会受到群体成员的一致谴责，进而导致当事人未来发展的困难，规范型治理在这类群体中则具有相当的重要性。另一方面，受龙头企业与农户关系群体中信息是否能有效传递的影响。如在一个群体中，只有违约行为能被迅速准确地发现并被传递给群体中的所有其他成员，而且整个群体都依照共同的规范来惩罚不诚信者，那些成功地利用社交活动和教育手段向成员灌输这种共同规范的群体就会取得较好的治理效果（Dixit，2004）。因此，当一个群体中信息的交流越频繁与流畅，基于关系契约的规范治理机制就越能发挥更大的作用。

然而，现实中，农户生老病死都可能改变现存的合作关系，尤其是随着龙头企业与农户交易规模与范围的扩大，商业变化或扩张需要形成新的合作关系，关系群体的稳定性显然受到挑战。同时，当群体扩大之后，龙头企业与新加入成员间的联系也不再那么顺畅，使得信息交流和惩罚机制也变得更困难，这些都限制了上述关系契约治理得以成功的两个基本条件，影响了规范治理机制作用的发挥。关系契约是交易治理中广泛使用的方式，特别是在关系群体规模较小时，关系群体具有稳定性以及信息传递迅速而流畅等优势，对违约行为的集体惩罚就易于执行，关系群体内就能实现有效的自我治理，然而，随着交易规模和范围的扩大，群体稳定性以及信息传递等越受到削弱，关系型治理成本则越高，治理效果也就会受到削弱（袁正、于广文，2012）。因此，基于关系契约的规范治理机制由于关系群体规模的扩大则有可能导致治理失灵问题。

第五章　农业龙头企业与农户心理契约违背动态模型

一、龙头企业与农户心理契约提出的理论分析

社会交换理论（Social Exchange Theory）也被称为行为主义社会心理学理论，于20世纪60年代在美国开始兴起，并在全球范围内广泛传播。社会交换是指存在于人际关系中的社会心理、社会行为的交换，这种交换的核心便是互惠原则。Gouldner（1960）把这种互惠关系看成构成社会生活中的动力机制，在社会交换关系中的双方，为了获得利益就需要对已获得的利益进行回报，这种需要被称作社会互动的启动装置。Romans 认为，在社会交换的过程中，对于主体来说给予他人东西是付出成本，而从他人那里得到东西则是获取收益。人际关系就是个体在相互交往中彼此寻求需要的满足状态，在这里，收益与成本并不限于物质财富，成本的付出有可能是放弃享受、体力与时间的消耗、忍受惩罚和精神压力等，收益的获得也可能是精神上的奖励或安慰等心理财富，也可能是获得身份、地位与声望等社会财富。社会交换理论可以概括为一个公式：收益（Reward）-成本（Cost）=后果（Outcome）。在社会交换过程中，如果交往双方感觉其获得的后果都是正的，那么，其交往关系就能够得以维持，相反，只要有一方觉得所获得的结果是负的，即在该交换中得不偿失，那么，其交往关系就会逐渐淡化乃至终止（李原，2002）。毫无疑问，这种社会交换与经济交换的概念与内涵存在着明显的差异，正如 Blau（1988）指出的，社会交换与经济交换在一些重要的方面存在严格的区别，其最关键的区别就是，社会交换会带来未做具体规定的义务，引起个人的责任、感激之情和信任感，而经济交换通常会准确地规定彼此交

换的数量。

公平理论（Justice Theory）是1965年美国行为学家Adams等从社会交换中引出的分配公平原则（Principle of Distributive Justice）发展而来的。Adams认为，交换双方很多时候不是追求绝对利益的平等，而是追求相对利益的平等。在双方的交往过程中，交往双方均会将自己的收益与投入之比与对方的两者之比进行比较，如果大致相等，就会认为是实现了公平分配，也就会获得心理上的平衡，交往继续下去；而如果发现自己的收益与投入之比低于对方两者之比，则会产生抱怨或愤怒的消极情绪，并会采取相应的减少投入或中断交往等行动；而如果发现自己的收益与投入之比远高于对方两者之比，则会体验到内疚感，并设法采取补偿行为，以保持心理上的平衡。根据公平理论，对大部分人来说，个人对公平的感知不仅受到绝对报酬的影响，而且还受到相对报酬的影响。

社会交换理论与公平理论都是以互惠准则为基础，它表明了人们希望其所得与付出要相称。正是在社会交换理论和公平理论的基础上，心理契约这一概念被提了出来，心理契约基本假设是：组织与员工之间就是一种互惠互利的交换关系，组织与员工双方均需要有一定的付出，也需要获得一定的收益。只是这种交换不像经济交换那样明确而具体，而是在人们的心中以社会规范和价值观为基础进行相应的衡量和对比，如果一方觉得其付出没有获得应有的回报，就必然会对关系的维系造成消极的影响。显然，这种付出和回报不仅局限于经济利益方面的交换，还包括诸如信任、体谅、长久的联系等非物质的与精神方面的交换（李原，2002）。因此，心理契约就是以互惠互利为基础，以相互影响为特征的信念集合。如孔子主张："君事臣以礼，臣事君以忠。"孟子提出："爱人者，人恒爱之；敬人者，人恒敬之。"这些都强调了人与人之间要互敬互爱，互惠互利，这正是心理契约的生动体现。

现实中，心理契约更是一种普遍存在的社会现象，不同的个体、群体、组织之间总会存在着各种各样的社会交换，与纯粹的经济交换不同，伴随着社会交换的过程，人们在内心总会以社会规范和价值观为基础进行着相应的衡量和对比，社会关系双方客观上都存在心理契约问题，这一问题是值得我们进行深入探讨的。然而，现行的几种心理契约定义都存在定义过窄的逻辑错误。作为反映人们交互作用的一种客观存在，心理契约这个概念的科学定义应该是反映这一社会现实的抽象概括，而当前西方Rousseau学派和古典学派这两个学术流派对心理契约的定义既没有运用辩证思维基本的归纳方法，从个别的事实中做出一般意义上心理契约的概括，也没有运用形式逻辑的方法，在揭示心理契约概念科学内涵的基础上探究其外延究竟包括哪些（曹威麟等，2007）。综观文献，现有的研究成果基本上都是将心理契约概念的定义局限在组织内雇员与雇主（或组织）这一狭小的范围之内了。

尽管如此，庆幸的是还是有部分学者对心理契约的研究与应用领域进行了富有开创性的探索，将对其的研究和应用逐渐扩展到其他领域。Roehing（1997）提出可以将心理契约概念应用到研究各种不同关系之中——佃户和地主、顾问与客户、病人和医生等。王晓娟（2008）以贵州省湄潭县和山西省浑源县124户农地流转农户作为调查对象，对农地流转过程中的农户心理契约的类型及其对农户行为的影响进行了研究。Blancero和Ellram（1997）将心理契约引入市场营销研究领域，并将此概念映射到市场关系中，在组织对组织的层面上探讨了供应商和购买商之间的合作关系。此后，Kingshott（2006）也使用心理契约概念分析了渠道中供应商—分销商的关系，通过实证研究得出心理契约与信任、承诺之间存在显著正相关，进而指出该变量有助于更深入地分析营销渠道关系。罗海成（2003）认为，在关系营销过程中，顾客与企业之间的契约不仅包括简单明了的钱货交易，还可能伴有顾客对企业其他方面的心理期望，这就是企业与顾客之间的心理契约。满足和超越顾客这种心理期望，将能促进顾客信任的建立，并延续企业与顾客之间的关系。可见，在营销渠道尤其是渠道关系的研究中引入心理契约概念是完全可行的。

在渠道关系的研究中引入心理契约概念也是十分必要的。众所周知，渠道关系的质量不仅有赖于显性契约，而且还会受到各种非显性规范的影响，在关系营销理念下对原有以权力使用为关键特征的渠道关系的重构要求，共同促使关系契约被引入渠道问题研究之中，并对渠道关系产生影响。此外，根据社会心理学的理论，行为是心理感知的一种外在表现。关系契约只是构建出了渠道成员交易的氛围，而成员具体的行为——合作、冲突甚至结束关系则反映出它对于另一方的某种心理感知。心理契约恰恰反映出了渠道一方关于另一方应承担义务的一种信念，将其引入可以用来反映其心理感知，从而打开“渠道成员行为发生”的黑箱。另外，心理契约亦存在于现实的关系中，如Narayands和Rangan（2004）在跟踪研究的基础上，指出交易双方确实会产生一种心理上的协议（Psychological Agreement），而且该协议会随着交易过程而不断演进。根据心理契约理论，虽然它没有写明，但它是影响员工对待组织的态度与行为的强有力决定因素（Rousseau，1990）。无论是从渠道关系研究还是现实问题需要出发，在此引入心理契约概念并对其展开进一步的研究是十分必要的。由此，通过对龙头企业与农户渠道关系的剖析与研究发现，龙头企业与农户合作关系中也存在着心理契约，龙头企业与农户心理契约的形成是由于龙头企业与农户在营销合作过程中形成相互经济交换关系的同时，必然也伴随着相互的社会交换关系。于是龙头企业代表人与农户关系双方在心中总会以社会规范和价值观为基础进行着各种相应的衡量和对比，并通过各种心理暗示，而非显性、直接的意思表达，使双方相互感知并认可各自的期望，进而在龙头企业代表人与农户间形成一套相互隐性权利义务关系的协议，即龙头企业与农户心理契约。蔡文著（2011）通过实证研究进一步证实，订单农业中龙头企业与农户间在形成经济交易关系的同时形成了心理契约，龙头企业与农户间的互动行为以及合作关系质量不仅有赖于显性的正式契约，还会受到各种非显性规范的、隐性的心理契约的影响。根据心理契约理论，心理契约的破坏或违背对组织中员工的态度与行为具有负面的影响，并进一步导致组织绩效的下降。

二、龙头企业与农户心理契约违背对渠道绩效的影响

对心理契约违背（Psychological Contract Violation）的含义有多种解释，如认为心理契约是个人知觉到其所属的组织未能兑现构成其心理契约内涵的责任义务；心理契约违背是从认知到契约履行的差距发展而产生的等。一些学者发现，尽管有许多员工尤其是一些新员工会感知到其心理契约没有完全得到履行，然而，并不是所有未被履行的契约都被认为是心理契约违背，因为有一些未被履行的心理契约并未带来员工敌对的行为或情绪。由此，Morrison 和 Robinson（1997）在对过去心理契约违背概念研究的主要观点进行总结的基础上，对心理契约违背概念进行了重新界定，他们提出心理契约未履行会产生相应的认知评价与情感反应，且在这两者之间存在着一个复杂的解释过程，由此，他们强调应该将对组织未履行承诺的认知感受与由此而产生的情感上的反应区分开来。前者认知评价是指个体对组织未能履行其在心理契约中应承担的责任义务的认知评价，这可称为心理契约未履行或者心理契约破裂（Psychological Contract Breach）；后者则是指个体在组织未能充分履行心理契约的认知评价基础上而产生的一种情绪体验，其核心是愤怒与失望，源自个体感知组织的背信弃义或自己受到了不公正的对待，这才是心理契约违背（Psychological Contract Violation）。Morrison 和 Robinson 对这一概念的澄清与提出结束了过去对心理契约违约研究相对混乱的现象，可以说是心理契约违背研究的重大突破，也得到了众多同行研究者的一致认同（Turnley & Feldman，1999；Lister et al.，2002；Turnley et al.，2003），为心理契约违背以后的研究奠定了基础。进一步的研究一致发现员工对心理契约违背的认知与不良的员工行为如离职行为、渎职行为等存在着高度的正相关，而与积极

的员工行为如工作绩效、组织公民行为、组织承诺、呼吁行为等以及积极的员工态度如工作满意度、组织忠诚等存在着高度的负相关。心理契约违背越来越多地被用来解释组织中离职意向增加与组织公民行为减少等负面现象（Robinson，1996）。

那么，存在于龙头企业与农户间的心理契约违背对于农户依从与农户情感承诺等关系行为又是如何影响的呢？农户之所以加入与农业龙头企业的合作，其根本原因就在于通过与龙头企业的合作能够有利于降低其经营风险，提升经济效益，由此，在农户与龙头企业形成经济交易关系的同时，也必然与龙头企业间形成一种心理契约关系。一方面，中国农户受小农思想束缚，是极缺乏团队精神或合作精神的群体，孙中山就曾经以"一盘散沙"来形容中国农民，在这种思想指导下，农户个人理性超越集体理性，每个农户都有不合作的倾向或机会主义行为倾向以获取各自的短期利益，农户会将其与龙头企业的关系看作纯粹经济上的交易关系。另一方面，中国农民在一定区域内又是极看重人际关系和人际信任的群体。费孝通（1947）就曾以"乡土中国"来标识中国农村的性质："乡土社会的生活是富于地方性的"，是一个"没有陌生人的社会"。正是由于农民生产、生活的地域范围的狭小性和封闭性，社区生活中人与人之间的熟悉性，在这个熟悉的区域中，作为社区成员的农民之间，发挥主导作用的是由于持续、频繁互动产生的人际信任。而在这种社会距离太近的群体内让制度信任来发挥作用，会被农民认为是取利忘义的行动，不利于该行动者在熟悉的社区和血缘、亲缘、业缘群体内的形象，并将危及今后其他行动者对该行动者的预期（黄珺等，2005）。在一定的区域内当农户与龙头企业双方形成了一种重复博弈的关系时，那么人际信任这种非正式的制度约束对于双方合作关系的稳定具有重要作用，在这一机制作用下，农户会将其与龙头企业的关系看作一种长期互动关系（蔡文著，2011）。因此，根据上述分析，农户与龙头企业间心理契约的内容项目至少可以分为经济层面与心理层面两大类，对应于这一契约内容也就可形成交易型心理契约与关系型心理契约。

当农户与龙头企业间形成的是交易型心理契约时，这种契约关系实际上是一种基于短期的互惠互利关系，此时农户尤其关注其短期自身经济利益是否能得到充分保障，再加上农户与龙头企业开展合作的首要动机就是为了保障其经济利益，因此，对于构成其交易型心理契约中龙头企业应承担的责任义务的内容项目就会尤其关注，一方面，农户对于龙头企业的心理契约履行情况会保持高度的警觉，一旦契约不履行就会很容易地感知到；另一方面，农户基于自身利益的重视对于构成交易型心理契约的经济层面的内容项目极为看重，一旦项目没有得到履行，农户就会感受到其经济利益受到了龙头企业的侵害。同时，由于交易型心理契约关系的本质是以经济交换为基础的契约关系，双方本身就认为交易对方是比较看重自身经济利益而对于己方的利益是不大可能真正关心的，因此，此时的契约项目没有履行也就更容易被农户认为是龙头企业为了其自身利益最大化而做出的理性选择，其故意选择了不履行契约。显然，农户感知的这种未被履行的契约使其最初认为龙头企业不可信的认知得以验证，进而产生失望与愤怒等负面情绪反应，从而导致农户更多地表现出对龙头企业不予以合作的行为，即农户依从程度下降。同时，农户强烈的负面情绪以及从一开始就对龙头企业的不信任，也导致农户情感承诺水平极低。

当农户与龙头企业间形成的是关系型心理契约时，这种契约关系实际上是一种基于长期的合作伙伴关系，此时农户对于其与龙头企业的合作更注重长期的利益，两者形成的是以社会情感交换和长期合作为基础的契约关系。在这一契约关系下，关系双方都认为对方不仅关注其自身利益且对于己方的利益也是较关注的，双方形成的是以情感交换为基础的高信任关系。此时，对于心理契约中的项目履行情况的警觉程度相对较低，且即使感知有一些契约内容未被履行，农户基于对龙头企业的高水平信任，也更有可能将其归因为非有意为之或由于外部原因等，此时，是否会使农户更易感知到契约未被履行，并进而产生愤怒情绪，很大程度上就取决于契约未被履行的差距大小。基于平衡原则，员工认知双方的责任义务差距越大，则背弃承诺的感觉（Feelings of Violation）越大。因此，虽然有一些心理契约未被履行不一定会有负面情绪反应，但显然违约程度越大就越容易使农户感知，并越易引起负面情绪的反应。一旦基于关系型心理契约的农户感知对方确实是背弃承诺，就更会使农户产生被龙头企业背叛甚至是出卖的感觉，形成深层心理压力的心理状态，显然这会导致农户的失望、挫折、愤怒等负面情绪加剧，进而大大降低农户情感承诺水平，并减少自身的合作行为，即农户依从水平大大下降。

因此，本书认为，在对龙头企业与农户合作关系的治理过程中，如果无视或者忽视了龙头企业与农户间存在的心理契约而导致了心理契约破坏或心理契约违背的话，龙头企业与农户间合作关系必将受到负面影响甚至引起关系破裂，进而降低渠道绩效。由此，我们必须要从心理契约视角探究龙头企业与农户心理契约违背的动态机制模型，以为创新渠道关系治理机制提供理论依据。

三、传统渠道关系治理机制与农户心理契约违背

从龙头企业通过调控关系要素的相互作用以实现对渠道控制与协调的目的这

一行为角度，传统渠道关系治理机制是：渠道关系权威治理机制、渠道关系合约治理机制与渠道关系规范治理机制。根据前文分析，以正式契约和关系契约为基础的渠道关系权威、合约和规范治理等传统渠道关系治理机制在进行关系治理时，均存在着不同程度的治理失灵问题，究其原因，有上述分析的各种原因，但龙头企业与农户合作或不合作行为背后的心理活动才更值得探究。传统渠道关系治理机制是以正式契约与关系契约为基础，而恰恰忽视了隐藏在龙头企业代表人与农户心中那些被认为是"不言而喻"或"心照不宣"的心理感知内容，农户感知的心理契约不被履行就会带来心理契约的破坏甚至心理契约违背，进而导致农户产生负面行为而降低渠道绩效。

（一）合约、权威治理机制以正式契约为基础

契约存在于各类组织活动中，它是对组织交易中的个人或组织行为等进行制约与规范的各种成文或不成文的规定，是交易关系的治理机制。龙头企业与农户间的交易关系治理既不同于市场中的价格机制，也不同于组织内部中的行政命令，而主要是建立在正式契约基础上的双边规制。根据 Macneil（2004）的定义，正式契约是指一种承诺，其可以被第三方（如法庭等）所监督与实施。正式契约主要有以下特点：一是契约是在事前明确制定的；二是契约在事后是可以验证的；三是验证契约的标准是客观的；四是契约是可由第三方来证实和强制执行的。

显然，基于正式契约的渠道关系治理机制借助正式法律制度来制约与规范交易双方的行为。在龙头企业与农户的渠道关系中，基于正式契约用来进行渠道关系治理的传统渠道关系治理机制有合约治理机制与权威治理机制。依据交易成本理论，只要有利可图，投机行为就会存在（Rindfleisch & Heide，1997）。因此，为合作顺利进行，就必须规避合作过程中的投机行为，显然，龙头企业与农户通过签订较具体的合约是规避有可能出现的渠道投机行为的一种有效途径。当然，合约是否详细，是否能对交易双方的权利、义务等规定明细，是否能明确规定合约的监督与执行，以及对违约行为进行制约与惩罚的机制等，合约质量的优劣对龙头企业与农户合作结果具有重要的影响。渠道成员为此所做的一切努力是在运用合约治理机制，这里的合约治理机制中的合约就是指正式契约，是龙头企业与农户关系双方通过协商而达成一致的协议，由此确定双方的权利与义务以及对渠道功能的分工来协调渠道双方行为的机制。实际上，正式契约签订得越详细具体，留给交易对方选择变通执行契约等逆向选择行为的可乘之机就会越少，如有发生投机行为而违背合约，遭受惩罚的风险和成本也很明确与具体，可减少或抑制交易双方的渠道投机行为（张闯、张双俐，2014）。

渠道关系权威治理机制是指渠道成员通过权力和权力的使用来相互控制，它也是以正式契约为基础的。龙头企业运用权威治理机制是以正式契约为基础的，主要表现在：一是运用权威治理机制时其权力和权力的使用目标都是围绕保障正式契约的履行，即龙头企业是为了保障契约的顺利履行而对农户进行激励与惩罚，权威治理机制的运用首先是以正式契约是否得以顺利履行为依据的。二是权威治理机制一般也要借助正式法律制度来制约与规范渠道成员的行为。如龙头企业与农户签订正式契约后，如果交易双方的行为可以被法庭所监督，那么交易双方合作期间出现的道德风险及机会主义行为就可以被法庭所证实，违约一方就会由于有可能遭受法律制裁而矫正自身的行为。三是使用权威治理机制时，渠道成员可以使用的许诺策略、威胁策略、法定策略、请求策略、信息交换策略、建议策略等大都是以双方签订的正式契约为依据的。

（二）规范治理机制以关系契约为基础

根据前文分析，经济活动是嵌入在一定的社会关系之中的，只有在一定的社会关系中才能理解具体的经济活动。一切交易契约都必须放在一定的社会关系中才有实质性的意义，任何一个经济契约也就必然是一种关系契约，对于任何经济契约的思考都应考虑到关系嵌入性，契约履行和纠纷处理都应以维护长期关系为原则，使契约保持相互性、团结性和合作性。由此，关系契约可以定义为基于未来关系价值的非正式协议，具有自我履行性，即不需要通过制度、仲裁者等第三方干预，交易在很大程度上就由参与者自行协调来完成。关系契约的特点是：一是事前明确制定契约的成本是很高昂的；二是存在着一个双方共有的知识能被双方观察到，却不能被法庭所证实；三是衡量契约的标准是主观的；四是契约是靠自我履行的。

实践中，一方面，龙头企业与农户所签订的正式契约通常具有不完备性特点，交易双方签约时是无法预估到签约后有可能发生的所有事务，对彼此权利与义务的界定也就难以面面俱到；另一方面，由于龙头企业与农户间的合作属于重复交易，单纯的依赖正式契约并非交易成本最低的方式，且不适合长期合作关系维系。此时，关系契约就能克服上述正式契约的困难，作为正式契约的补充，关系契约就更有利于降低契约成本与协调交易冲突，有利于维持长期的交易关系（袁正、于广文，2012）。由此，建立在关系契约基础上的规范治理机制就是依赖于双方合作行为的双边协调机制，强调各交易主体保持关系的共同期望并力图寻求互惠解决方法的意愿，使用规范治理可以在更大程度上抑制渠道成员的投机行为。规范治理机制是通过强调在渠道成员中建立和分享共同的社会与价值认知，由此在渠道成员中形成分享的价值规范系统，“这种分享的价值规范系统会创造一种双赢的氛围，因而减少了渠道成员中的机会主义行为发生的可能性”（Heide & John,

1992）。实践中，规范治理往往通过渠道成员之间共同制订计划和共同解决问题来实施（Claro et al.，2003）。共同制订计划与共同解决问题实际是通过双方沟通、知识与信息分享、信任、声誉等机制来发挥作用，从而使大家一起本着互惠互利、相互理解、相互沟通的原则来面对合作中的问题，进而达到关系治理的目标。

（三）合约、权威、规范治理机制与心理契约违背

根据上述分析，在龙头企业与农户渠道关系治理过程中，传统的渠道关系合约治理机制、权威治理机制是以正式契约为基础的，而规范治理机制是以关系契约为基础的，显然，传统渠道关系治理机制普遍忽视了隐藏在龙头企业代表人与农户心中那些被认为是“不言而喻”或“心照不宣”的心理感知内容。Narayands 和 Rangan 在跟踪研究的基础上，指出交易双方确实会产生一种心理上的协议（Psychological Agreement），而且该协议会随着交易过程而不断演进。

一方面，传统的渠道关系治理机制由于忽视了隐藏在龙头企业代表人与农户心中那些被认为是“不言而喻”或“心照不宣”的心理契约内容。龙头企业对于农户感知的心理契约内容完全不了解，对农户心理感知龙头企业应承担的责任也就根本不了解，更不会对这些契约内容的履行与否采取任何行动了。可见传统渠道关系治理机制下其对心理契约的管理完全是处于一种放任状态，契约内容受到破坏甚至发生违背的概率也就高了。另一方面，传统渠道关系治理机制在对渠道关系进行治理时对心理契约会产生重要的影响。心理契约的产生与维持受到契约双方相互的依赖程度、契约一方对另一方合作过程中的承诺或行为的感知等因素的影响，而这些因素恰恰可以表述为农户与龙头企业间的权力结构以及渠道关系治理方式等。也就是说，龙头企业对渠道关系的治理行为等变量与农户心理感知有着千丝万缕的联系。蔡文著、杨慧（2013）通过实证研究表明，农户感知心理契约在渠道关系治理方式对农户关系行为影响中具有中介作用。

显然，以正式契约为基础的合约治理机制与权威治理机制主要关注的就是通过合约质量的提升、激励与惩罚措施的运用等来充分保障正式契约的实施，整个过程根本不了解更不会考虑渠道成员心理上的感知以及心理上的期望或信念是否得以满足，由此，传统的合约与权威治理过程中，心理契约内容不被履行导致契约破裂或违背是很容易发生的。而以关系契约为基础的规范治理机制注重了通过双方充分的沟通、知识与信息分享、信任、声誉等来影响成员的行为，它是依赖于双方合作行为的双边协调机制，强调了各交易主体保持关系的共同期望并力图寻求互惠解决方法的意愿，与正式契约不同，关系契约在一定程度上涉及渠道成员的心理因素，注重了通过心理因素的调动来促使农户表现出龙头企业所期待的行为，这对于龙头企业与农户关系的治理具有积极意义。基于关系契约的规范治

理机制注重了通过共同制订计划与共同解决问题来协商与解决合作中的各种问题，这有利于增加渠道成员间的信任与承诺，渠道成员间充分的沟通有利于消除成员间的理解歧义，有利于双方更准确地了解彼此心里感知的契约内容，同时，高水平的信任与承诺会减少渠道成员对契约不被履行的警觉性，以及即便发生契约不被履行时，也会更有可能将其归因为是外部原因而非龙头企业故意违约，因此可以说，基于关系契约的规范治理机制对心理契约违背具有一定的预防作用。

根据社会心理学的理论，行为是心理感知的一种外在表现。关系契约毕竟只是构建出了渠道成员交易的氛围如沟通、信任、承诺等，它并没有重点去关注渠道成员彼此心理感知的契约内容，而成员具体的行为——合作、冲突甚至结束关系则会受到其心理感知的契约内容是否得以履行的主要影响，从这一点来说，关系契约只是创造了条件或营造了氛围，而只有心理契约恰恰反映出了渠道一方关于另一方应承担义务的信念。因此，只有以心理契约内容为基础来探索对其治理机制，才能打开“渠道成员行为发生”的黑箱。

四、龙头企业与农户心理契约违背模型

要探索对心理契约的治理机制，需要解决的关键问题就是要避免心理契约违背，如何来避免呢？剖析与掌握心理契约违背的动态模型，即可从中找到心理契约治理的切入点。本书根据 Morrison 和 Robinson（1997）研究的心理契约违背理论模型构建了龙头企业与农户心理契约违背动态机制模型，该模型认为在龙头企业与农户间，当心理契约中的承诺没有履行时，从交易主体感知承诺未履行，到感知心理契约破裂，再到在龙头企业代表人或农户心中产生愤怒等强烈情绪和情感反应，其间存在着一个复杂的解释过程，具体包括三个阶段：感知承诺未履行、感知心理契约破裂、感知心理契约违背，每一阶段均会受到交易主体不同的认知加工过程的影响。具体如图 5－1 所示。

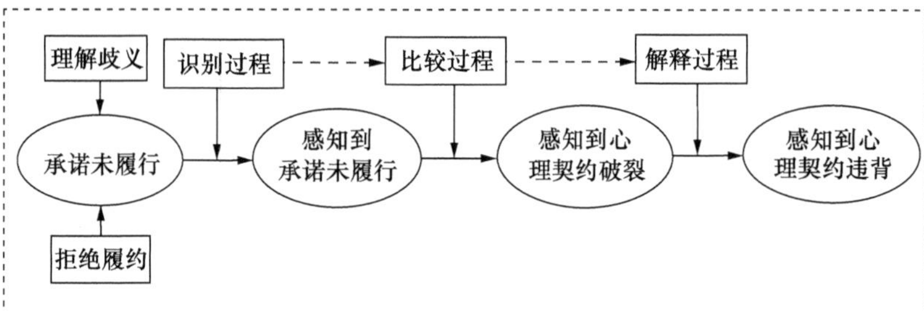

图 5－1　龙头企业与农户心理契约违背动态机制模型

根据上述龙头企业与农户心理契约违背动态机制模型，交易主体一方感知心理契约违背从而产生愤怒等强烈情绪和情感反应经历了一个复杂认知过程的，对此，我们必须深入剖析其认知背后的根本原因，才能提前采取应对措施以干预心理契约违背的形成过程，影响与引导心理契约违背形成过程中的心理认知，做到心理契约不违背甚至是没有破裂的现象，以为龙头企业与农户合作提供良好的氛围与环境。

（一）龙头企业与农户心理契约中的承诺未履行

究其原因，一般有两种情况：一是拒绝履约，即确实存在心理契约中的承诺没有得到履行，有基于成本收益的权衡而有意违之，也有心有余而力不足造成的承诺难以兑现；二是理解歧义，即一方认为其已经履行了相应的承诺，但由于心理契约是龙头企业与农户在经济交换的过程中对于各自权利与义务的主观认知和信念，而人脑认知加工过程并非是纯理性的，且认知加工水平也有局限性，因此，各交易主体并不能准确地把客观世界的真实信息全部记录下来，而只能根据其头脑中基于过去知识和经验形成的固有认知图式来对当前信息进行选择性的接收与加工，并做出有意义的主观解释，尤其是在个体所获取的信息模棱两可或过于复杂时，其还会运用固有的认知图式来加以主观推测和判断，以填补缺失的信息内容（李原，2006）。由于龙头企业代表人及其农户每一个体的过去经历不同，其头脑中所形成的固有认知图式也就不同，进而导致他们对相互间的责任、承诺等相关信息进行选择、加工和解释时也就具有较大差异，由此，表现为由于相互理解上的不对称带来的承诺未履行现象，这也应是进行心理契约治理的重点所在。

（二）识别过程：是否能感知到心理契约中的承诺未履行

无论是拒绝履约还是理解歧义所带来的承诺未履行，都会造成契约内容与实际结果不一致，但这一差异是否能被龙头企业代表人与农户感知还需要一个识别的过程，而这一过程主要受到承诺的重要性、差异的显著性与感知主体的警觉性三方面因素的影响。

承诺的重要性是指心理契约中未被兑现承诺的重要程度。在交易主体心中越是认为重要的承诺没有兑现，越是容易被其识别到。因此，龙头企业与农户交易双方需要加强沟通，增进了解，要明了哪些责任与承诺是对方看重的，在承诺做出前就应引起重视，避免合作前的过度宣传等促成不切实际的、难以兑现的承诺。

差异的显著性是指心理契约中未履行承诺内容与实际结果之间差异的大小。心理契约内容与实际结果之间的差异越大，越容易被识别到。此外，承诺做出的方式以及时间等也会影响差异的显著性，如龙头企业与农户交易过程中通过明确的、直接的方式所做出的承诺，一旦被打破就比隐含的、间接的承诺更容易引起对方的注意；越是近期所做出的承诺被打破，就越是容易被对方感知到。

感知主体的警觉性是指交易主体对对方是否履行契约的监控程度。环境的不确定性程度、龙头企业与农户间关系质量等均会影响感知主体的警觉性。如当农户与龙头企业面对的是不确定性环境时，就容易引发交易主体的内心焦虑，进而使其对与其相关的任何交易信息都保持着高度的警惕；而当龙头企业与农户间形成了关系型心理契约时，交易双方就不会过多地计较即时的回报，而是更加注重长久关系的维持以及社会情感方面的交换，相反，交易型心理契约则使交易双方将其注意力聚集于当前是否能得到直接的和即时的回报，形成了交易型心理契约的龙头企业与农户对契约是否履行具有更高的警觉性。

（三）比较过程：是否感知到心理契约破裂

从感知承诺未履行到感知心理契约破裂还有一个复杂的认知比较过程，即当龙头企业与农户合作一方感觉契约内容与结果不一致时，其未必会将这种不一致视为契约的破裂，此时，他还会对自己一方的履约情况作一个评估，通过将双方兑现承诺程度进行比较（见图5－2），根据比较结果，当等式出现不平衡时，则会感知契约被打破；而当一方感知对方未履行承诺，同时也发现自己也有相应程度的承诺未兑现，即等式大致相等时，则不会将其视为契约被打破。

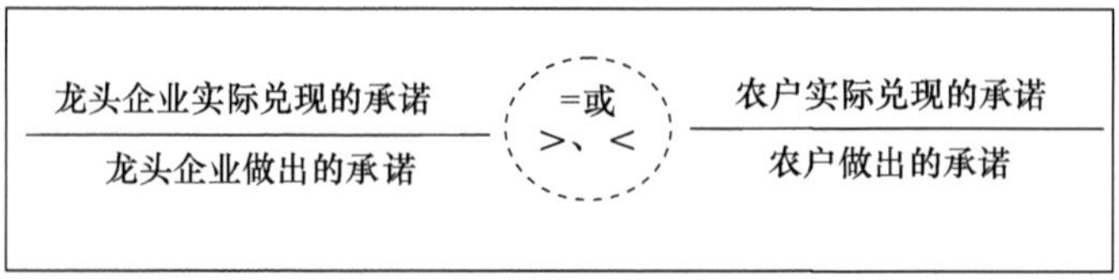

图5－2　农户与龙头企业兑现相互承诺程度的比较

（四）解释过程：是否感知到心理契约违背

通过上一比较的过程，当农户和龙头企业感知相互的承诺兑现程度不相称，即感知心理契约破裂，到是否感知心理契约违背还需要经过一个复杂的解释过程，这取决于感知主体对心理契约破裂的解释。显然，这一过程受众多因素影响，如对承诺未履行原因的归因，当一方把承诺未履行原因归因于由于外部环境的剧烈变化如自然灾害、经济危机等，他就会理解契约被打破这一现实，也就不会产生以愤怒情绪体验为核心的心理契约违背。此外，感知主体对契约未履行结果的评价、对公平感的判断等都会影响其对契约破裂的解释，并最终影响感知主体的情绪体验以及对另一方的态度，即是否感知心理契约违背。

第六章 农业龙头企业与农户心理契约治理机制的理论阐释

虽然学者们对心理契约理论进行了深入的研究，取得的成果可谓是硕果累累，然而，对组织可采取的引导、改善与维护心理契约的策略与方法等心理契约治理机制的研究并没有得到学者们的广泛关注。现有心理契约理论研究成果对组织在实践中的指导作用就受到了很大的限制和制约，探索心理契约改善与维护的策略与方法的治理机制将是今后这一研究领域的关键所在。本书认为对心理契约治理机制的探索至少应关注两个方面：一是促进农户与龙头企业心理契约形成与发展的诱导机制；二是避免农户与龙头企业心理契约违背的干预机制。

一、龙头企业与农户心理契约形成与发展的诱导机制

心理契约是在雇用关系背景下雇员个体对雇用双方相互义务的一种理解或信念（Rousseau，1990），这种信念是雇员对外显与内在的雇员贡献（努力、能力和忠诚等）和组织诱因（报酬、晋升和工作保障等）之间交换关系的感知、理解和承诺（Robinson et al.，1994）。心理契约就是雇员在雇用关系背景下对双方交换关系的主观理解基础上，对其与组织之间相互义务的一系列信念，有时这些信念还并不一定被组织或者其代理人所意识到。根据心理契约理论，在农户与龙头企业双方形成交换关系过程中，双方在心中总会以社会规范和价值观为基础进行着各种相应的衡量和对比，并通过各种心理暗示，而非显性、直接的意思表达，使双方相互感知并认可各自的期望，进而形成一套相互隐性权利义务关系的协议，即农户与龙头企业心理契约。

根据心理契约理论，心理契约是一个随着时间而动态发展的变量。Rousseau

(2001)认为组织心理契约包括雇用前阶段、招聘阶段、早期社会化阶段和后期经历阶段四个发展阶段，在每一个阶段中都会有相应的行为与认知因素对员工心理契约产生影响。也就是说，员工入职后，会通过与组织的现实承诺交换、组织内个体社会化经历、相关信息探索等，以修改原有的心理契约。经典的心理契约结构维度研究成果表明，员工心理契约的形成与发展至少包含交易型成分与关系型成分两种类型（Rousseau & Mclean，1993），也就是心理契约一般可以发展为交易型心理契约和关系型心理契约两维结构，这一研究观点后来得到了许多学者的验证与认同。根据前面农户心理契约违背动态模型的分析，发展为关系型心理契约的农户比交易型心理契约的农户感知心理契约违背的可能性要低，因为具有关系型心理契约的农户一般对龙头企业具有更高的信任与承诺水平，合作绩效也会更高，其感知心理契约未履行的警觉性比交易型心理契约的农户低，有时即便感知契约未履行，他们也更倾向于对承诺未履行原因归因于外部因素，如认为承诺未履行原因是外部环境的剧烈变化如自然灾害、经济危机等，并认为龙头企业是值得信任的，这不是龙头企业的有意违约，由此理解契约被打破这一现实，也就更少可能产生愤怒、负面情绪等心理契约违背的认知。因此，剖析心理契约的形成与发展动态过程，有意识地明确交易型心理契约的形成，引导交易型心理契约向关系型心理契约的转变与发展，这应是心理契约治理机制的重要内容，但这是该领域研究的薄弱环节。Rousseau 就曾指出过去 10 多年来学界对心理契约理论的研究主要侧重心理契约形成之后的问题及其反应变量，而严重缺乏对心理契约形成与发展过程的关注。Turnley（2003）也认为对心理契约形成与发展过程的研究未来还需要做更多的探索。本书认为，恰恰是对心理契约形成与发展问题的深入研究才对组织维护与改善其心理契约的实践活动具有更重要的指导意义。

农户心理契约的形成与发展过程受到众多内外部因素的影响，龙头企业作为治理的主体应如何对其形成与发展过程施加影响呢？Rousseau 对心理契约理论的研究认为，员工心理契约受内外部因素的影响，内部因素是指员工个人的特质、解释风格、对雇用关系的认知等；外部因素是指来自外在的信息和社会因素，如组织激励等。徐淑英等（1997）通过研究提出员工组织关系（Employee - Organization Relationship，EOR）的研究框架，认为组织方为了拉近员工与组织的关系，会增加设计投入多种诱引（Inducement）来令员工增强其责任义务感，进而提升其对组织的贡献（Contribution）。刘小禹等（2008）认为，心理契约是员工与组织间关系的重要形式，组织中的心理契约是发展变化的，而组织所提供的诱导因素可以增强员工入职后心理契约的发展，如组织支持对关系型心理契约和交易型心理契约的变化都有明显的影响作用，且对关系型心理契约的影响强于对交易型心理契约的影响。本书主要研究与探析龙头企业在与农户合作过程中，如何通过恰当的措施来对农户心理契约的形成施加影响。其内部因素是指农户自身特质、价值观、对待其与龙头企业合作的态度等，这些对心理契约的形成与发展具有一定的影响，但这些因素一定程度上在其与龙头企业合作前受农户自身经历等影响已基本形成，龙头企业虽然也可对其施加一定的影响，但影响有限，因此我们对内部因素方面的治理则暂时不予论述。其外部因素主要是农户在与龙头企业开展合作后，受合作过程中农户感知的龙头企业的合作与冲突行为、沟通与协调、激励措施等组织诱导因素的影响，这些影响因素可视为龙头企业为了维护与改善其与农户的关系而提供的诱引（Inducement），主要包括龙头企业给予农户的经济奖赏及其各种支持措施等，其中经济奖赏主要以经济强化为主要激励措施，为农户心理契约的形成与转化提供显性的激励，而组织提供的各种支持措施则更强调了引导农户增加对龙头企业的关系归属与组织认同，这在很大程度上又恰好与美国著名心理学家 Eisenberger 等基于社会交换理论而提出的员工感知的组织支持（Perceived Organizational Support，POS）内容较为一致。因此，本书就将基于心理契约的组织诱导即农户感知的龙头企业对其提供的奖赏及其支持等诱引作为心理契约治理诱导机制的主要内容。

二、龙头企业与农户心理契约违背的干预机制

在农户与龙头企业合作过程中，心理契约的履行对于双方合作关系的良好发展具有重要意义。但，现实中，农户与龙头企业心理契约往往由于被忽视或者没有得到应有的重视而遭到破坏甚至违背的事例常常发生。Robinson 等（1994）通过研究发现，在当前社会背景下，心理契约违背是普遍现象，调查显示两年内，有 55% 以上的员工报告说他们感知的心理契约遭到违背。可见心理契约违背绝不是个别的或例外的现象，而实证研究结果表明，心理契约的失信或违背是要付出代价的，其后果与正式契约的失效一样。因此，对心理契约失信或违背的干预研究应是心理契约治理机制的重要内容之一，由此，我们根据前文对于农户与龙头企业心理契约违背的动态发展模型来进行分析，以探究心理契约违背干预机制的主要内容。

龙头企业与农户心理契约中的承诺未履行，究其原因一般有两种情况：一是拒绝履约；二是理解歧义。拒绝履约是指农户与龙头企业间确实存在心理契约中的承诺没有得到履行，其产生的原因有二：一是契约不履行是因心有余而力不足

造成的承诺难以兑现，根据心理契约违背理论，事实上的承诺未被履行也并不必然导致心理契约违背，这还取决于后期的农户对于承诺未被履行的比较、归因等过程，显然这在很大程度上受农户心理认知与解释归因的影响，这是可以通过有效的沟通机制来施加影响的。Greenberg（1990）认为，当心理契约失信或违背不可避免地发生时，管理人员可以采取一些措施来减少损失，如做出充分的解释，与员工进行充分的沟通等。二是契约不履行是一些渠道成员基于成本收益的权衡而有意违之，如农户实施了渠道投机行为。对渠道投机行为的干预是避免心理契约违背的重要一环。在渠道治理理论中，对渠道投机行为的控制也是其核心的内容之一（Heide，1994）。只要在经济交换过程中有利可图、有机可乘，渠道投机行为就会存在。Williamson（1985）认为渠道投机行为是指渠道成员以牺牲其他渠道成员的利益为代价，为己方谋取私利的行为，不仅表现为渠道成员违反合约的行为，也表现为在交易中不诚实、不坦白的狡诈行为。众所周知，投机行为的发生对渠道关系将带来极大的损害，对投机行为的抑制与治理是渠道关系治理理论的核心内容。心理契约是农户在合作过程中通过对龙头企业的各种行为、承诺、暗示等的感知而在其心中形成的一套相互隐性权利义务关系的协议，有时这些协议甚至还不被龙头企业所意识到。心理契约实质上属于心理感知的隐性内容，并非像正式契约那样是通过双方协商与承诺的显性的权责义务，由此心理契约内容是否履行就不可能设置显性的、正式的约束机制，有时这些投机行为甚至还不为龙头企业所察觉到。因此，基于心理契约的农户投机行为也就难以追究其违约的责任，更无须承担法律责任了。此时，基于正式契约的传统渠道关系治理机制如法律权威等基本上治理失灵，本书认为对于心理契约的治理关键是要与农户加强沟通，诱导农户心理感知，通过组织诱导促使农户心理发生变化，自觉地认识一些机会主义行为对于双方的合作关系具有较大的损害，农户也就真正感知履行契约更符合其根本利益，进而会自觉地减少机会主义行为而更多地选择兑现承诺。

理解歧义是指一方事实上已经履行了相应的承诺，但由于心理契约是龙头企业与农户在经济交换的过程中对于各自权利与义务的主观认知和信念，而人脑认知加工过程并非是纯理性的，且认知加工水平也有局限性。因此，各交易主体并不能准确地把客观世界的真实信息全部记录下来，而只能根据其头脑中基于过去知识和经验形成的固有认知图式来对当前信息进行选择性的接收与加工，做出有意义的主观解释。尤其是在个体所获取的信息模棱两可或过于复杂时，其还会运用固有的认知图式来加以主观推测和判断，以填补缺失的信息内容（李原，2006）。由于龙头企业代表人及其农户每一个体的过去经历不同，其头脑中所形成的固有认知图式也就不同，进而导致他们对相互间的责任、承诺等相关信息进行选择、加工和解释时也就具有较大的差异，由此表现为由于相互理解上的不对称带来农户感知承诺未履行的现象。解决这一问题的关键就是要建立贯穿龙头企业与农户合作全过程的有效的沟通机制，如合作前通过有效的沟通使双方缔结的心理契约内容更符合客观实际，避免现实中一些企业为了吸引农户的加盟，通过夸大合作带来的利益造成了过度的宣传，或者给予了农户一些不切实际的暗示，从而导致农户合作之初就产生了对于未来不切合实际的预期，由此形成的心理契约内容与合作后的现实不一致，农户就会感知契约未被履行。因此，建立有效的沟通机制能使农户从一开始就了解未来的现实情况，使其心理预期与合作后的现实情况趋于一致，以减少相互间的理解歧义，进而避免心理契约违背。

同时，感知心理契约不被履行后的比较与解释过程也可以看出，农户感知龙头企业的承诺未兑现到契约破裂或违背在很大程度上都是来自双方合作过程中的沟通不畅或对相关信息的误读等。如缺乏有效沟通与相互了解，导致农户在对契约破裂进行解释时，更易于将其归结于是龙头企业的故意行为，进而更容易使农户感到龙头企业背信弃义并产生愤怒的情绪。因此，结合心理契约违背动态发展过程模型分析可以发现，在农户与龙头企业合作过程中，有效的沟通机制首先有利于减少合作双方间的信息不对称，从而使双方通过感知对未来的合作预期更符合客观实际，相互对契约内容的理解更接近，合作之初缔结的心理契约内容也就不会由于理解歧义而与合作现实发生偏离。高效畅通的沟通机制也更有利于龙头企业与农户就有关合作问题进行明确而又具体的讨论和沟通，增进相互间的了解、减少误会，即便感知契约未被履行，在后续的比较与归因过程中，由于之前的有效沟通，农户能获取较客观的信息进行比较，并对比较后的结果做出更理性的解释，更愿意将契约的破裂归因于是龙头企业的无意为之或由于外部客观原因引起，进而减少农户感知心理契约违背的可能性。

根据上述分析，在农户与龙头企业心理契约违背的动态发展过程中，建立有效的沟通机制是防止心理契约失信或违背的关键。尽管对心理契约违背的干预手段可能还有很多，但心理契约是否履行或违背是一种心理感知，如 Rousseau（1995）认为心理契约违背是员工对组织承诺给予他们的责任却没有被兑现的心理感知。根据认知心理学的观点，人的认知过程事实上就是信息的接受、编码、储存、交换、操作、检索、提取与使用的过程。在这里，让农户接受准确的、客观的关于合作过程中龙头企业履约情况的信息对于农户心理感知的影响就最关键了，由此，建立有效的沟通机制也就成了对心理契约违背进行干预的最关键措施，为聚焦重点以及便于实证检验，本书就将心理契约干预机制简化为沟通机制，只对心理契约干预机制的关键内容“心理契约治理的沟通机制”进行研究，后面的实证研究也就主要是针对沟通机制来进行了。

三、心理契约治理机制的主要内容

根据上述对心理契约治理机制，包括诱导机制与干预机制的分析，为明晰心理契约治理机制的主要内容，有必要对心理契约的缔结及其发展过程进行剖析，剖析心理契约的缔结及其发展的构建机理，对于我们掌握改善与维护心理契约的治理机制的主要内容具有重要的现实意义。过去的研究之所以缺乏对心理契约形成过程的关注就在于没有认识到心理契约构成机理对于改善与维护心理契约的重要性。

有学者对心理契约的形成过程从不同的角度进行了研究，取得了心理契约形成的研究成果，代表性的观点主要有：Dunahee 和 Wangler 认为心理契约的产生和维持主要受三个因素影响：一是雇用前的谈判，即雇用前对交换关系的谈判是形成心理契约的基础；二是工作过程中，心理契约的再定义，即员工与主管在工作中的沟通使心理契约清晰化或重新理解；三是保持契约的公平和动态平衡，即当组织或者个体的任何一方主观感觉到契约不公平时，往往会单方面做出某些行为以促使契约的收支平衡，从而出现契约的“纠正环路”来保持自己的公平感。Turnley 和 Feldman（1999）认为雇员发展构成其心理契约的期望主要有三种形式：一是组织代理人向他们做出的具体承诺；二是他们对组织文化和日常实践的感知；三是他们对组织运作的特殊（经常是理想化的）期望。Guest（1998）以 Rousseau 和 Mclean（1993）提出的契约谱系——交易型和关系型契约为基础，划分了四个概念上明显的步骤：一代表雇用契约；二存在于大多组织中的管理制度和手册中；三包含在协议内，出现于评估、绩效评价和目标设定的过程中，这些因素就是 Herriot 和 Pemberton 努力将其明晰化的部分；四是依然不明确和未成文的领域，像理解职业生涯和互惠承诺等。Rousseau（2001）认为心理契约的形成主要包括四个阶段：雇用前阶段（Pre - employment）、招聘阶段（Recruitment）、早期社会化阶段（Early Socialization）和后期经历阶段（Later Experiences），每一阶段都有相应的行为和信念对心理契约形成产生影响，对图示或者心理模型（Schemas or Psychological Model）、承诺（Promise - making）和人际作用时的认知精确化（Perceptual Accuracy in Interpersonal Interactions）三个过程的研究可以更好地理解雇用前的信念和雇用后的社会化对心理契约形成的影响。

借鉴心理契约形成的相关理论，我们可以通过对农户与龙头企业心理契约的形成过程进行剖析，以明晰心理契约治理机制的主要内容。认为农户与龙头企业心理契约的形成源于我国农业产业经营的主要形式“龙头企业 + 农户”营销合作模式的产生与发展。自 1978 年开始，我国农村实施了两项重要的改革：一是推行家庭联产承包责任制；二是推进农副产品市场化改革。从而农户作为独立的农业生产基本组织单元，极大地调动了农户作为微观经济主体的积极性，农副产品价格也逐步放开，农副产品逐步成为市场化交易对象，走上了市场化的道路（周立群、曹利群，2001）。然而，“小农户与大市场矛盾”问题开始出现并日益尖锐起来，单个农户与市场之间缺乏有效的连接机制，正是在这一背景下，农业产业化作为制度性创新诞生，随着我国农业产业化经营的兴起，很多企业采取类似正大集团的做法，通过与农户签订合同来明确各自权利与义务，以确立彼此长期稳定的合作关系，由此，“龙头企业 + 农户”这种合作模式成为我国农业产业化经营的一种主要形式，也称为分包制或订单农业，即龙头企业与农户通过契约的安排界定双方的权利与义务关系，农户按照契约的要求生产相应品种、产量的农副产品，而龙头企业则按照契约规定的价格、数量等条件对农户生产的农副产品进行收购以及提供其他相应服务。在龙头企业与农户合作的书面经济契约签订及实施过程中，必然伴随着龙头企业与农户间心理契约的缔结及其发展的动态过程，为使心理契约的缔结更加符合未来合作现实的实际，减少心理契约内容理解的歧义，同时，为尽可能地促使农户与龙头企业交易型心理契约向关系型心理契约的动态发展，保障心理契约的履行，避免心理契约破裂甚至心理契约违背现象的发生，就需要对心理契约缔结及其发展过程进行必要的诱导与干预，进而达成心理契约治理目标。

（一）心理契约缔结阶段的治理

农户与龙头企业心理契约的缔结实质上就是农户与龙头企业在通过签订书面契约而形成经济交易关系的整个过程中，农户通过对双方交易的外部环境、龙头企业自身情况如以往的交易履约历史记录、企业经济实力与社会声誉等以及龙头企业在合作过程中所做出的各种有意或无意的承诺或暗示等信息的感知，并通过双方后续持续的交往与互动，从而在农户心中所形成的对于双方彼此权利与义务的一种期望或信念。根据曹威麟等（2007）的研究成果，心理契约的缔结阶段主要有四个重要环节：一是有关双方根据环境中的各种相关信息和自身的情况，形成彼此权利和义务的知觉判断。二是双方在心理上将这一知觉判断转化成彼此的某些期望。三是心理契约建立的关键环节，即当事人心理期望的表达和交流。双方的心理期望往往会由一方率先表达出来，至于采用何种合适的方式来表达，当事人会根据需要做出自己的选择。率先表达期望的一方，可能会先发出各种相关的暗示，也可能直接选择口头或书面的形式。若采用暗示的方式来表达心理期望，也有两种可能的发展趋势，一种是转化成口头或书面的意思表达，即正式发出口头或书面的要约，通过与对方的沟通和交流，达成合意的就会与对方建立起显性的契约关系。还有一种可能，那就是双方继续以心理暗示的方式来感知和交流各自的期望。四是双方认可彼此通过暗示表达出来的对自己的期望，进而达成一致合意的心理契约。

这一缔结阶段心理契约治理的主要目标应是正确引导农户心理契约的形成。由于政府促使或市场驱动，龙头企业与农户开始尝试建立营销合作关系，但在龙头企业与农户开展营销合作的初期，也就是双方合作关系刚刚建立阶段，此时，关系双方一般相互间了解甚少，彼此都不信任，双方的合作关系均面临着较高的不确定性和风险。为此，针对这一阶段合作关系的特点，龙头企业在对渠道关系进行治理时，就应注重运用交易型心理契约治理机制，首要的目标就是使农户建立起对龙头企业的信任，相信龙头企业具有如期履行合约的能力，相信龙头企业对于双方合作关系所作出的承诺，以促使龙头企业与农户间增进相互的了解，加强相互的信任，保证农户与龙头企业经济交易关系的确立与运行。因此，龙头企业在进行渠道关系治理的过程中应注意以下几点：

一是要打造龙头企业自身经营品牌，树立良好的社会形象。在市场经济条件下，一个没有经营品牌的企业是没有竞争优势的，也是难以获得社会公众信任的。因此，一方面，龙头企业应注重对其经营的各项主要业务都应进行品牌化经营，提高知名度，树立良好的形象；另一方面，龙头企业又要进行适当的宣传，向农户传递本企业具有可靠性等相关信息，特别是要向农户传递本企业过去具有与众多农户良好合作经历的信息以及企业规模、竞争优势、经营品牌等信息，以使农户充分掌握龙头企业相关信息，建立起对龙头企业的可靠性信任，相信龙头企业具有如期履行合约的能力，由此，农户通过营销合作成本与收益的比较，逐步确信双方建立稳定的交易型合作关系是有利的，也是可行的。

二是龙头企业要尽可能使合作过程中的某些承诺或内容更公开化、具体化，以使农户感知心理契约的形成更符合现实的情况，从而减少心理契约破坏或心理契约违背的可能性。农户感知心理契约的形成伴随着其与龙头企业经济交换关系进行的同时，通过农户自行观察以及龙头企业代表人有意或无意的承诺或暗示而形成的，因此，龙头企业应尽可能地减少这一过程中农户产生不切实际的或过高心理期望的可能性，要通过使合作承诺或内容的更公开化、具体化，来促使农户感知的心理契约更明确，以更有利于强化农户与龙头企业之间的心理约束。

三是龙头企业要确保交易型心理契约的有效履行，避免心理契约破裂或心理契约违背现象的发生。Robinson 和 Rousseau（1994）曾经指出，在成为组织成员初期时，最容易发生违反心理契约的现象。而龙头企业与农户在合作关系建立阶段也最容易发生心理契约违背，如龙头企业有可能进行过度的或不符合实际的宣传，导致农户产生不切实际的心理预期等。

总之，合作关系建立初期龙头企业应主要通过与农户相互间增进了解，加强互信，促使双方建立起适度的交易型心理契约，并确保该交易型心理契约的有效履行，从而为渠道关系的进一步发展奠定基础（蔡文著、杨慧，2013）。

（二）心理契约发展阶段的治理

龙头企业与农户关系的维系与进一步发展需要充分发挥关系型心理契约的作用，根据前文分析，拥有关系型心理契约的农户一般对龙头企业具有更高的信任与承诺水平，因此，其在心理契约违背动态发展过程中会更多地倾向于做出正面的感知与归因，也会更多地表现出农户依从与情感承诺等关系行为。在这一阶段，龙头企业关键是要在稳定与农户交易型心理契约关系的基础上，通过一系列承诺的履行与相关治理行为，树立起农户对龙头企业更深层次的信任与情感承诺，以诱导龙头企业与农户交易型心理契约向关系型心理契约的快速发展和动态转化。因此，龙头企业在这一过程中应注意做到以下几点：

一是龙头企业不仅要能确保农户感知的交易型心理契约的履行，更要认真地履行和兑现合作过程中龙头企业向农户所做出的各项承诺，要尽可能地向农户展示本企业具有雄厚的实力、良好的信誉、优良的服务、先进的技术和优秀的员工等特征，要尽可能地了解农户感知的关系型心理契约内容，向农户展示本企业已经认真地履行和兑现了其在合作过程中所做出的各项承诺，以加深农户对龙头企业的信任与承诺。

二是龙头企业要在关注自身经济效益的同时，更真诚地为农户利益考虑，实实在在地关注与保护农户的切身利益。龙头企业与农户合作关系的好坏在一定程度上取决于双方的互动行为，而这种互动行为又不是无故产生的。对于龙头企业一方来说，当其在做出各种决策或行动时，主动地为农户的利益考虑，切实地保护农户的利益免遭损失的行为，将会赢得对方更多的好感和信任，有利于形成合作双方更多的良性互动行为。

三是龙头企业要尽可能地利用自身资源优势为农户提供更多的增值服务，以深化龙头企业与农户的合作关系。相对单个农户而言，龙头企业作为科层组织，具有一定的经济实力和资源优势，针对农户存在的信息匮乏、技术不足等问题，龙头企业应尽可能地利用自身资源优势为农户提供各种帮助或必要的资源等，如为农户提供农产品生产技术培训与指导、为农户提供各种市场信息等，这些免费的增值服务将更有利于增进农户与龙头企业间的高度信任与承诺，有利于形成关系型心理契约。

四是龙头企业要在保证物质利益的基础上给予农户更多的情感关怀。龙头企业不仅要满足农户每次的经济交易心理感知，而且还要给予农户更多精神上的关心和关怀，关注农户在合作过程中的满意程度，认真倾听与正确处理农户的抱怨或不满，采取切实有效的补救措施扭转农户的不满态度，尽量达成农户的再次满意或促使更加满意，以建立和发展关系型心理契约。

五是龙头企业要强化企业代表人与农户的互动，建立与发展相互间的友谊。龙头企业作为科层组织，其表现为抽象的主体，是没有情感、没有认知能力的，农户与龙头企业间的互动过程就表现为农户与龙头企业代表人之间的互动过程，农户感知心理契约的形成则更多地取决于与其开展业务合作的企业代表人的影响。因此，龙头企业加强代表人与农户间的联系与沟通，有利于促使农户感受与代表人间的友谊，从而更有利于促使农户形成对企业的情感归属，即关系型心理契约。

总之，龙头企业应采取各种措施，促使农户与龙头企业间交易型心理契约向关系型心理契约的发展与动态转化，具有关系型心理契约的农户则更容易对企业做出友好意向的推断，从而提高相互信任感，增强关系双方延续关系的期望，进而直接影响龙头企业与农户未来合作行为的意向。因为，这种以情感为基础的信任，持续时间更长、更稳定，信任违约更少（Morrison & Robinson，1997），它还可能会使农户主动承担一定的风险，容忍交换中短期的不公平（蔡文著、杨慧，2013）。

（三）心理契约履行阶段的治理

随着龙头企业与农户合作进程的推行与发展，农户总会根据合作过程中来自外部环境的各种信息对其心理契约的履行或不被履行情况进行感知，并会对不被履行的契约进行比较与归因，以得出心理契约是履行还是违背的判断，进而决定其后续的合作态度与行为。这一阶段的治理对未来农户合作态度与行为的选择具有关键性的作用。毫无疑问，心理契约是否履行或违背是一种心理感知，Rousseau（1995）认为心理契约违背是员工对组织承诺给予他们的责任却没有被兑现的心理感知，Turnley（1999）也认为心理契约违背是员工对于组织对其承诺的责任与组织实际承担责任间差异的心理感知。可见心理契约是否履行实质上就是感知主体的认知，而且很多的实证研究也表明，员工自身特征尤其是其意识形态方面的特征等会影响心理契约是否被履行或违背的认知。根据认知心理学的观点，人的认知过程事实上就是信息的接受、编码、储存、交换、操作、检索、提取与使用的过程。因此，农户对心理契约履行或违背的认知很大程度上就取决于其在与龙头企业合作过程中对于信息的接收与处理等，如何让农户接收准确的、客观的关于合作过程中龙头企业履约情况的信息就显得尤其重要，这需要龙头企业在合作过程中持续不断地加强与农户进行信息的传递、交换与分享，由此，在心理契约履行阶段的治理关键就是要合理地运用有效的沟通机制。

沟通是指龙头企业与农户在合作过程中运用任何方式彼此交换信息。Penley 和 Hawkins（1985）认为，沟通必然涉及两个最基本的问题，即沟通什么与如何沟通，这实际上就是沟通内容与沟通风格。本书认为，在龙头企业与农户合作过程中对沟通效果的影响无非也是两方面的内容：一是龙头企业是否就合作的内容进行了充分的沟通，尤其是通过沟通使双方对心理契约内容能够基本达成共识，并使农户准确客观地感知心理契约履行现状，当感知心理契约破裂或者违背后，通过沟通让农户认识到契约未被履行并非龙头企业有意而为之，由此减少农户负面行为。二是沟通的风格是否能被双方所认同与接受。Penley 和 Hawkins（1985）对沟通内容的结构维度研究结果表明，沟通内容可分为任务性沟通、私人性沟通与反应性沟通三个维度。本书采用这一维度划分，认为龙头企业与农户的沟通内容就是指与双方合作相关的任务、任务执行情况、反馈以及龙头企业代表人与农户的私人问题等方面的信息。沟通风格是指龙头企业代表人与农户在合作过程中，表达其思想时基于语句运用、表达方式、说理方式、语言逻辑以及思维模式等所呈现出来的总体特点。Gudykunst 和 Ting - Toomey（1988）根据沟通者是否运用明确的语言表达其目的和意图，将沟通划分为直接沟通与间接沟通两个维度。直接沟通是指沟通者通过语言直接说出其真实的思想，即明确表达其个人的感觉、打算与需求等；间接沟通则相反，沟通者一般是通过委婉的语言表达其思想，而隐瞒了其真实的目的。显然，沟通对组织变量具有重要的影响，Weick（1979）认为沟通甚至可以看作是大部分组织行为的基础。国内外众多的实证研究结果也表明，沟通与工作满意度具有正相关关系（Johlke et al.，2000；Durbin，2004），良好的沟通有助于提高员工工作满意度与工作绩效，使组织获得成功（Baskin et al.，1996；Ainspan & Dell，2000）。还有学者通过实证研究也证明沟通对工作满意度、工作绩效、组织承诺、组织忠诚度、信任、离职意向、冲突解决等变量具有积极的影响（Muchinsky，1977；Snyder & Morris，1984；Pincus，1986；Putti et al.，1990）。因此，这一阶段龙头企业要想提高与农户沟通的有效性，就应注重做好以下几方面的工作：

一是龙头企业在与农户沟通过程中要注重沟通内容的全面性、及时性与准确性，真正明了农户感知的心理契约履约现状。首先，对农户来说，其最看重的就是与合作有关的业务情况。龙头企业应强化与农户之间的任务性沟通，如龙头企业要通过与农户持续有效的沟通以了解农户感知的心理契约履行情况，特别是农户最看重的或对农户利益影响最大的心理契约履行情况等。其次，由于中国人际交往中注重“礼”、“面子”、“关系”等，所以沟通过程还应注重私人性沟通。龙头企业代表人除了任务沟通外，还应适当地针对一些私人问题进行沟通，尤其是有些问题还有可能构成了农户心理契约基本内容，体现对农户的关心，进而有利于构建良好的私人关系。最后，还应注重提高沟通的响应速度，如对于农户提出的任何疑问，龙头企业代表人应认真倾听并及时地做出回应，在这一阶段尤其应当通过沟通了解农户感知心理契约破裂或违背时，必须向农户进行必要的解释，帮助他来共同分析契约履行现状以及相应原因，以引导农户纠正感知偏差，避免心理契约违背现象的发生。

二是龙头企业还应注重运用合理的沟通方式，以取得更好的沟通效果。言语行为理论认为，沟通不仅仅取决于沟通了什么，还取决于如何来沟通，这就是沟通风格。Bateson（1972）与 Sudnow（1978）就认为沟通风格能够给沟通的内容赋予某种形式和色彩，进而影响沟通的效果。由于直接沟通时沟通者一般用语言直接说出了他的本意，因此，相比一般隐瞒了沟通真实目的的间接沟通，直接沟通时信息传递更快也更准确，但不足之处是容易引起冲突与矛盾，在这一点上直接沟通就不如间接沟通含蓄和委婉，能够避免一些正面冲突，但间接沟通方式信息传递也就更容易失真。显然，两种沟通方式各有其优缺点，如何运用关键是应结合沟通的具体情境。龙头企业在与农户沟通过程中尤其应注意运用合理的沟通方式，结合不同的沟通内容如主要涉及合作业务方面的内容时直接沟通方式可能效果更佳，而主要涉及私人方面的内容时间接沟通方式可能更好。同时，还应考虑与农户之间的私人关系亲疏程度，一般来说，当龙头企业代表人与农户私人关系亲密时，直接沟通方式更好，而当两者关系还不够亲密时，间接沟通方式会更合适。正如一些学者的研究观点认为，对自己人而言，直接的沟通风格容易产生良性循环，而对外人而言，则产生恶性循环（Graen & Scandura，1987；郑伯埙，1995）。

第七章　农业龙头企业与农户心理契约治理机制的模型建构与测量

一、心理契约治理机制的概念与结构模型

（一）心理契约治理机制的概念及其目标

治理的实质是通过正式的与非正式的制度安排，形成良好的社会关系结构或组织关系结构，构建出参与者之间的和谐关系，以实现关系各方利益平衡的治理目标。根据前文对心理契约的形成、发展以及违背动态发展过程的分析，本书认为，心理契约治理机制是指一个渠道成员控制另一个渠道成员心理契约形成、发展以及违背的具体方式与措施，主要通过对心理契约动态发展过程的干预与诱导以调和渠道成员间的相互冲突或不同利益，最终实现渠道成员对社会交换过程中各方利益心理感知的平衡，从而产生有助于渠道关系质量不断改进与提升的内在动力。

心理契约治理机制的目标：一是引导农户心理契约的形成，使农户感知的心理契约内容与未来合作现实匹配，避免农户形成不切实际的心理期望；二是诱导农户心理契约发展，使农户感知的交易型心理契约发展为关系型心理契约；三是干预心理契约违背的动态发展过程，减少甚至避免心理契约违背现象的发生。

（二）心理契约治理机制的结构模型

图 7－1 是心理契约治理机制模型，其主要构成内容包括：

1. 心理契约治理的沟通机制

从上述心理契约形成、发展及兑现环节来看，合理运用沟通机制对心理契约

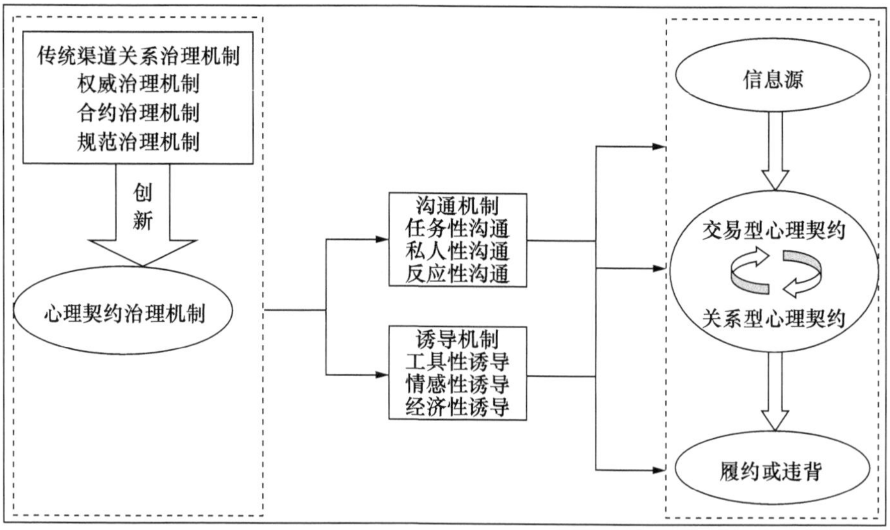

图7-1 心理契约治理机制结构模型

具有重要的影响。首先，从心理契约形成及构建过程来看，Turnley 和 Feldman（1999）认为心理契约的形成主要来自：组织代理人向他们做出的具体承诺；雇员自身对组织文化与日常实践的感知；雇员对组织运行的特殊期望。还有学者如 Rousseau、杨杰等也对心理契约形成过程进行了研究，提出了各自的观点，但可以发现这些观点的共同点都是强调了信息的传递、加工与处理，如 Rousseau（2001）在其心理契约形成模型中强调个人加工信息和个人特质对心理契约形成的影响；杨杰（2003）则提出了心理契约的构建是相关双方的“要约—还盘—议价—再要约”的循环过程。心理契约这一构建过程实质上就是信息的沟通过程，有效的沟通机制对于心理契约的形成与构建具有重要的积极影响。其次，从心理契约的发展过程来看，要使心理契约从交易型心理契约发展到关系型心理契约，就是要使契约双方对于双方合作关系的感知发生变化，这就需要提升双方之间的信任与承诺水平。实证研究表明，沟通对工作满意度、工作绩效、组织承诺、组织忠诚度、信任、离职意向、冲突解决等变量都具有积极的影响（Muchinsky，1977；Snyder & Morris，1984；Pincus，1986；Putti，Aryee & Phua，1990）。有效的沟通机制对心理契约从交易型向关系型发展具有重要的积极影响。最后，从心理契约违背的动态发展模型来看，从感知心理契约不履行、破裂以及心理契约违背等环节很大程度上是由于感知主体的认知偏差、归因偏差等原因造成的，而引起这些偏差的主要原因就是信息不对称，有效的沟通机制对于减少或避免心理契约违背具有重要的积极影响。

2. 心理契约治理的诱导机制

从上述心理契约形成、发展及兑现环节来看，合理运用诱导机制对心理契约具有重要的影响。首先，从心理契约形成及构建过程来看，在合作初期，龙头企业对于合作的未来所做出的某些承诺或内容、龙头企业自身经营品牌以及社会形象、企业合作的历史记录、对合作伙伴的各种奖励与支持等，会影响农户心理契约的构建。农户基于对各种信息的感知会对双方权利与义务做出期望的判断。具有重视农户利益与农户发展良好合作声誉的企业、能对合作未来做出更公开化和更具体化承诺的企业、企业内部自身管理规范与对外极具诚信的企业等就更有可能会引导农户构建关系型心理契约。Turnley 和 Feldman（1999）认为心理契约的形成主要来自组织代理人向他们做出的具体承诺以及雇员自身对组织文化与日常实践的感知等。龙头企业应充分利用诱导机制引导农户形成切合实际的交易型心理契约甚至是构建关系型心理契约。其次，从心理契约的发展过程来看，无论是交易型心理契约还是关系型心理契约都是契约双方的心理感知，而基于正式契约的传统渠道的关系治理机制往往聚焦正式契约内容而忽视了契约双方的心理期望，契约双方心理期望不被满足容易导致彼此心里不满，其对彼此合作关系的感知就难以形成长期关系型契约的判断。相反，如果企业注重运用诱导机制，如对农户采取奖赏与组织支持的方式就更容易使其对龙头企业产生好感，提高其对企业的信任与承诺水平，也就更有利于交易型心理契约向关系型心理契约的发展转变。最后，从心理契约违背的动态发展模型来看，一方面，对农户的奖赏与组织支持会使农户产生心理上的满意度，提升龙头企业的信任与承诺水平，改进农户与龙头企业间的关系质量。良好的关系质量使农户在对心理契约履行感知的警觉性程度方面下降，即便是感知了部分心理契约未被履行，但是良好的关系质量也会使农户更有可能做出契约未被履行并非龙头企业有意而为之，而是由于外部环境等客观原因而造成的归因，进而有利于减少心理契约违背现象。另一方面，良好的关系质量也有利于促进双方进一步的深入沟通，尤其是就心理契约履约的感知方面，实证研究也发现很多心理契约违背是由于信息不对称导致的认知偏差引起，发挥心理契约治理的诱导机制作用对心理契约违背的动态过程具有重要的干预作用。

二、心理契约治理机制量表开发的方法

管理科学就是用抽象的构念（Constructs），以理论的形式把管理现象表示出

来，为此，管理研究者创造出很多的构念来将管理现象概念化。Nunnally（1978）认为构念就是用可观察的行为维度来代表看不见的事物，构念越抽象，就越难以测量。本书中的心理契约治理机制构念就需要运用一组可以观察的行为/态度维度来反映或测量看不见的事物。

开发测验的首要任务是要准确概括地定义我们所要测量的构念，清楚地说明构念的理论边界。好的构念说明（Construct Explication）要阐明所研究现象的核心特征，这也是能开发出高质量测验量表的前提。题目开发成功的关键，就是要建立能够清楚地表示测量内容范围的理论基础，范围抽样理论认为，实际上是不可能完全测量出感兴趣的构念，但是，最重要的是要从潜在题目中抽取出足以代表所研究构念的题目。

在确定了构念边界后，就可以在此基础上对其进行操作化。一般而言，可以遵循两种不同的取向发展测验指标/项目：演绎法（Deductive Approach）和归纳法（Inductive Approach）。演绎法要求对所研究的问题有足够的了解，并需要在对相关文献进行全面回顾的基础上，建立起研究构念的理论定义，再通过自己对概念的理解发展或改编现有的测验项目来实现对构念的操作化，这是一种“由上而下”的测验开发模式（Hinkin，1998）。而有时研究者通常对所要研究的现象知之甚少，无从了解操作相关概念时所需要的关键指标及内部结构，即研究构念的概念基础没有容易辨识的维度来产生题目，在这种情况下可能就比较适合运用归纳法，研究者可以通过定性方法去了解测验内容，结合现有文献产生测验指标，这是一种“由下而上”开发测验的模式（Hinkin，1998）。

因为我们研究的心理契约治理机制构念比较抽象，对心理契约治理机制问题的研究更是很少引起学者的关注，对心理契约治理机制的研究还缺乏较充分的理论基础和深入的研究，对心理契约治理机制也就更没有容易辨识的构念维度来产生题目了，因此，本书运用归纳法来开发心理契约治理机制量表。

三、心理契约治理机制量表开发过程

由于本书研究的心理契约治理机制构念比较抽象，虽然其构成内容与前述的沟通与组织支持有一定的重合，但还是具有很多不同的地方。当前对心理契约理论的研究又主要侧重心理契约形成之后的问题及其反应变量，严重缺乏对其形成过程的关注，对心理契约治理机制问题的研究更是很少引起学者的关注，对心理契约治理机制的研究还缺乏较充分的理论基础和深入的研究，对“心理契约治理机制”也就没有容易辨识的构念维度来产生题目，因此，主要运用访谈法、半开放式问卷调查等方法来收集心理契约治理机制量表的项目；又由于半开放式问卷调查所得到的因素内容，并不能确保将心理契约治理机制内容收集全面。基于前文对心理契约、沟通、组织支持等理论及实证研究文献的综述及其心理契约形成、发展与违背的动态分析，参考 Penley 和 Hawkins（1985）、季晓芬（2008）等的沟通量表以及 McMillian（1997）的组织支持整合模型量表，李志鹏（2006）等的组织支持量表内容，构成本书初始的心理契约治理机制测量问卷。

（一）访谈与开放式问卷调查

本书的研究访谈主要是通过电话访谈和面谈两种方式，采取一对一的访谈形式，访谈对象主要选择了具有营销合作关系的农业龙头企业代表人与农户以及 3 位营销领域的专家学者。对每一个人的访谈时间一般控制在 30～60 分钟，其中，3 位营销领域的专家学者采取小组焦点访谈（Focus Group），访谈时间控制在 60 分钟左右。

访谈指导（Interview Guide）：

（1）你对龙头企业与农户应承担责任和义务的期望是如何形成的?

（2）哪些因素会影响你对龙头企业与农户应承担责任和义务的期望?

（3）哪些因素会使你对龙头企业与农户相互责任和义务的期望发生动态变化，如从关注经济性的、短期的期望转变为主要关注关系性的、长期的期望?

（4）你如何获取对龙头企业与农户相互责任和义务期望的履行情况?

（5）哪些因素会影响你对于期望履行或违背情况的认知与评价?

访谈结束后，对所有的访谈结果进行了整理。

（二）半开放式问卷调查与项目归类整理

在上述访谈与开放式问卷调查的基础上，我们设计了半开放式问卷。半开放式问卷通过对心理契约治理机制进行定义并做出解释，然后请被调查者根据其经验列举出至少 5 项他们认为最重要的龙头企业对农户心理契约治理的措施，即对其心理契约形成、发展以及履约或违背动态过程会产生影响的措施。调查对象选取了与龙头企业具有营销合作关系的 50 家农户。回收问卷后，对问卷结果进行了归类与整理，通过将上述访谈结果与半开放式问卷结构进行认真的对比分析，发现二者具有较高的一致性，在剔除重复内容并在参考前文所述根据相关文献资料构成的初始测量问卷的基础上，我们编制了初始问卷。

（三）评定与修改初始问卷

我们进一步请农业龙头企业代表人以及农户对初始问卷进行试评定，就问卷内容与现实情况相符合程度及其问卷的可读性等进行修改，之后再邀请两位营销管理专家对项目的适当性和问卷的科学性进行了评定，并修改初始问卷，最终形成了共包含 38 项心理契约治理机制的测量条目，具体如表 7 - 1 所示。由此，我们设计了包括 18 个心理契约治理的沟通机制测量项目和 20 个诱导机制测量项目的预测试问卷（见附录）。

表 7 - 1　预测试问卷测量条目

因素名称	条目数量	项目内容
沟通机制	18	A1 对方会经常与我方讨论合作过程中相互的职责
		A2 对方会经常与我方讨论合作进展情况
		A3 对方会经常告知我方完成任务所需的相关信息
		A4 对方会经常向我方建议如何完成任务
		A5 对方会经常与我方讨论相互履行职责的情况
		A6 对方会经常与我方讨论对于合作的一些期望
		A7 对方会非常清晰地告知我方合作的具体内容
		A8 对方会与我方共同讨论合作过程中遇到的各种问题
		A9 对方会与我方谈论家庭收益情况
		A10 对方会经常与我方讨论未来的发展计划
		A11 对方会经常关注我方内心的一些真实想法
		A12 对方会经常与我方互相交流工作之外的私事
		A13 对方经常与我方互相问候对方的家人
		A14 对方经常关心我们的私人困难（工作之外的困难）
		A15 当我有一些疑惑时，对方会马上予以回应（语言或行为、肢体）
		A16 当我有什么问题时，对方会尽全力及时地给出一个答复
		A17 当我问一些问题时，对方会很认真倾听
		A18 当我有不满情绪时，对方会很认真地予以解释
诱导机制	20	B1 我可以从对方那里获取完成工作任务所需要的资料
		B2 当我生产用的设施发生故障时，总能很迅速地得到修理或更新
		B3 对方总是尽可能提供最先进的设施供我们使用
		B4 对方总是为我们的生产提供很多的便利与支持
		B5 当出现与合作相关的任何变化时，我会在事前被告知
		B6 我们的一些想法或要求等信息很容易向对方反馈
		B7 对方给我们提供的合作条件非常好
		B8 对方员工与我方人员配合总是很好

续表

因素名称	条目数量	项目内容
诱导机制	20	B9 当我们遇到困难时，对方总会给我们提供帮助
		B10 我可以经常与对方讨论我们的压力和困难
		B11 对方会时常关注我们的家庭生活状况
		B12 对方和我之间可以坦诚地倾诉心事
		B13 对方对我们一直很尊重
		B14 对方营造的合作气氛很融洽
		B15 我们与对方的合作关系很融洽
		B16 对方会关心与考虑我方的长远发展
		B17 对方真的很关心我方的利益
		B18 对方经常会对我们的一些表现予以奖励
		B19 对方确实顾及到我方的福利
		B20 对方总是会认真履行合约

（四）预测试

预测试阶段共发放问卷 240 份，回收有效问卷 176 份，有效问卷率为 73.3%。基于这一预调研数据，运用因素分析对项目有效性和问卷结构进行了分析与筛选，通过将初始问卷中项目因素负荷小于 0.40 的项目予以删除，最终形成了正式问卷（见附录）。

正式问卷由心理契约治理的沟通机制与诱导机制两个量表组成，其中沟通机制量表 15 个项目，诱导机制 18 个项目，共 33 个项目。问卷由李克特 5 点量尺自陈回答，“1”表示“从来没有”，“2”表示“很少有”，“3”表示“有时有”，“4”表示“经常有”，“5”表示“总是有”。

（五）正式测试

正式测试阶段共发放问卷 260 份，回收有效问卷数量 181 份，有效问卷率为 69.6%，基于这一正式调研数据，对心理契约治理机制结构维度及量表信度效度等进行了检验，具体包括：一是量表信度、效度检验；二是测量模型验证，即检验沟通机制的三维度结构、诱导机制的三维度结构（即三维模型）是否能得到另一样本数据的支持。

四、心理契约治理机制量表的探索性与验证性因子分析

（一）样本

本书主要研究农户与龙头企业营销合作关系中的心理契约治理问题，样本的选择主要限于：在农产品营销过程中与龙头企业有合作关系的农户。研究数据收集主要采用了面谈和问卷调查方法，通过面谈以及向在农产品营销过程中与龙头企业有合作关系的农户发放问卷等方式来收集有关数据。在发放问卷前，通过各种途径了解农户与龙头企业合作模式发展较好的地区作为样本选择区域。考虑到一般人对填写调查问卷并不是很认同或支持的现状，在调查时主要是通过本人、同学、朋友、熟人等与调查区域熟悉的地区来发放问卷。在数据收集时，考虑到有些农户文化水平较低对问卷理解存在问题，大多问卷采取由调查者一对一的方式向农户逐个解释并代为填写，调查完成后当场回收问卷，由此，整个调查问卷所花费的时间成本较高。其中也有少数问卷是通过邮寄的方式由熟人帮忙发放到农户手中，请农户填写好回收后再寄回。

本书研究数据收集分为两个阶段，持续时间在三个月左右，共发放调查问卷 500 份，其中，在预测试阶段共发放问卷 240 份，回收问卷 195 份，回收率达到 81. 3%，剔除无效问卷 19 份（无效问卷包括空白卷、数据循环、关键数据缺失、数据自相矛盾、数据极端化等），最终回收有效问卷 176 份，有效问卷率为 73. 3%。在正式测试阶段，发放问卷 260 份，回收问卷 204 份，回收率达到 78. 5%，有效问卷数量 181 份，有效问卷率为 69. 6%，回收率和有效问卷率较高的原因是在调查问卷发放时主要通过私人关系发放问卷，且很多问卷是在调查人员协助下完成调查工作并当场回收的。

（二）探索性因素分析

本书对心理契约治理机制问卷进行了探索性因素分析，采用主成分分析法和最大方差正交旋转方法对测试数据进行了分析。预测试使用了初始心理契约治理机制问卷（共 38 个项目）对湖口县、靖安县等地区的 240 家农户进行了调查，得到有效问卷 176 份，问卷有效率为 73. 3%。预测试用因素分析主成分分析法分别对心理契约治理的沟通机制与诱导机制抽取特征根大于 1 的因子进行最大方差

旋转，得到心理契约治理机制的因子结构如下。

1. 心理契约沟通治理机制结构维度的探索

首先检验变量间的相关性，KMO 样本测度值为 0.903，高于 0.5 是做因素分析的最低标准，KMO 越接近 1，越适合做公共因子分析。同时，巴特莱特球体检验（Bartlett Test of Sphericity）小于 0.001，拒绝相关矩阵为单位矩阵 I 的原假设，也支持做因子分析。因此，抽取特征根大于 1 的因子并对因子进行最大方差正交旋转进行因素提取，得到三因素结构，各因素的载荷如表 7 - 2 所示。

表 7 - 2　正交旋转后的心理契约治理的沟通机制的因素载荷矩阵（N = 176）

项目	Component		
	1	2	3
A1 对方会经常与我方讨论合作过程中相互的职责	0.874	-0.118	-0.035
A2 对方会经常与我方讨论合作进展情况	0.868	-0.199	-0.103
A3 对方会经常告知我方完成任务所需的相关信息	-0.547	0.374	0.215
A4 对方会经常向我方建议如何完成任务	-0.281	0.264	0.356
A5 对方会经常与我方讨论相互履行职责的情况	0.811	-0.303	-0.085
A6 对方会经常与我方讨论对于合作的一些期望	0.837	-0.096	-0.177
A7 对方会非常清晰地告知我方合作的具体内容	0.875	-0.221	-0.015
A8 对方会与我方共同讨论合作过程中遇到的各种问题	0.893	-0.084	0.054
A9 对方会与我方谈论家庭收益情况	-0.198	0.743	0.156
A10 对方会经常与我方讨论未来的发展计划	-0.157	0.804	0.110
A11 对方会经常关注我方内心的一些真实想法	-0.074	0.772	0.181
A12 对方会经常与我方互相交流工作之外的私事	-0.172	0.643	0.181
A13 对方经常与我方互相问候对方的家人	-0.225	0.702	0.162
A14 对方经常关心我们的私人困难（工作之外的困难）	-0.204	0.516	0.271
A15 当我有一些疑惑时，对方会马上予以回应（语言或行为、肢体）	-0.591	0.380	0.352
A16 当我有什么问题时，对方会尽全力及时地给出一个答复	-0.094	0.228	0.807
A17 当我问一些问题时，对方会很认真倾听	-0.065	0.176	0.874
A18 当我有不满情绪时，对方会很认真地予以解释	-0.003	0.216	0.793
方差解释比例（%）	29.841	20.342	14.419
总方差解释比例（%）	64.602		

根据表 7 - 2 显示，通过因素提取得到心理契约沟通治理机制有三个可解释的有效因子结构，由此分别命名为任务性沟通、私人性沟通、反应性沟通，三个

因素方差解释率分别为29.841%、20.342%与14.419%，合计解释了总方差的64.602%。另外，对表中项目因素负荷小于0.40的A3、A4、A15三个题项予以删除，因此，正式调查问卷中任务性沟通由6个题项、私人性沟通由6个题项、反应性沟通由3个题项构成。

2. 心理契约诱导治理机制结构维度的探索

检验变量间的相关性，KMO样本测度值为0.955，高于0.5是做因素分析的最低标准，KMO越接近1，越适合做公共因子分析。同时，巴特莱特球体检验（Bartlett Fest of Sphericity）小于0.001，拒绝相关矩阵为单位矩阵I的原假设，也支持做因子分析。因此，抽取特征根大于1的因子并对因子进行最大方差正交旋转进行因素提取，得到三因素结构，各因素的载荷如表7-3所示。

表7-3　正交旋转后的心理契约治理的诱导机制的因素载荷矩阵（N=176）

项目	Component		
	1	2	3
B1 我可以从对方那里获取完成工作任务所需要的资料	0.692	-0.333	-0.196
B2 当我生产用的设施发生故障时，总能很迅速地得到修理或更新	0.814	-0.219	-0.216
B3 对方总是尽可能提供最先进的设施供我们使用	0.794	-0.225	-0.237
B4 对方总是为我们的生产提供很多的便利与支持	0.760	-0.352	-0.177
B5 当出现与合作相关的任何变化时，我会在事前被告知	0.770	-0.367	-0.100
B6 我们的一些想法或要求等信息很容易向对方反馈	0.777	-0.278	-0.150
B7 对方给我们提供的合作条件非常好	0.793	-0.311	-0.141
B8 对方员工与我方人员配合总是很好	0.348	-0.137	0.112
B9 当我们遇到困难时，对方总会给我们提供帮助	-0.102	0.717	0.184
B10 我可以经常与对方讨论我们的压力和困难	-0.441	0.691	0.138
B11 对方会时常关注我们的家庭生活状况	-0.357	0.652	0.254
B12 对方和我之间可以坦诚地倾诉心事	-0.396	0.718	0.159
B13 对方对我们一直很尊重	-0.373	0.739	0.199
B14 对方营造的合作气氛很融洽	-0.416	0.680	0.237
B15 我们与对方的合作关系很融洽	-0.324	0.750	0.297
B16 对方会关心与考虑我方的长远发展	-0.332	0.639	0.212
B17 对方真的很关心我方的利益	-0.048	0.370	0.793
B18 对方经常会对我们的一些表现予以奖励	-0.077	0.266	0.825
B19 对方确实顾及我方的福利	-0.210	0.344	0.312
B20 对方总是会认真履行合约	-0.224	0.134	0.763
方差解释比例（%）	27.070	24.570	12.996
总方差解释比例（%）	64.637		

根据表7－3显示，通过因素提取得到心理契约诱导治理机制有三个可解释的有效因子结构，由此分别命名为工具性诱导、情感性诱导、经济性诱导，三个因素方差解释率分别为27.070%、24.570%与12.996%，合计解释了总方差的64.637%。另外，对表中项目因素负荷小于0.40的B8、B19两个题项予以删除，因此，正式调查问卷中工具性诱导由7个题项、情感性诱导由8个题项、经济性诱导由3个题项构成。这样的结构维度是否可靠、有效，还需要通过一次样本的调查，用验证性因素分析进行检验，这在本书后面的验证性因素分析中进行验证。

3. 问卷信度检验

问卷的信度是指量表对变量度量时的可信度，可用来衡量测验结果的内部一致性（Internal Consistency）、稳定性（Stability）及可靠性以及量表结构是否合理，或者所选择的指标是否全面反映对应事物的特征等，估计测量误差对整体测验的影响。通常对量表信度检验可以采取重测信度（Test－retest Reliability）、折半信度（Split－half Reliability）和Cronbach's α（Cronbach，1951）信度三种方法。最常用的方法就是通过计算Cronbach's α观察量表的内部一致性来检验。本书选择使用Cronbach's α信度方法。按照Nunnally（1978）的标准认为：$\alpha>0.9$表示信度非常好，$0.7<\alpha<0.9$表示高信度，$0.35<\alpha<0.7$表示中等信度，$\alpha<0.35$表示低信度。而在社会科学研究中，通行的规则就是：一个量表的Cronbach's α值只要大于0.6，就可以认为问卷调查量表的信度能够接受，如大于0.7则更好（Bagozzi，1994）。

通过SPSS 15.0软件对预测试回收样本作Cronbach's α测试，判断问卷的内部一致性，还可度量该问卷与包含有其他可能项目数的量表之间的相关系数。下面就应用SPSS 15.0可靠性分析工具，对调查问卷量表各个变量度量的信度进行检验。表7－4列出了预测试问卷总量表和各分量表的Cronbach's α系数，可以发现，总量表和分量表的Cronbach's α信度值均在0.6以上，说明本书研究开发的量表信度达到接受水平。

表7－4　预测试问卷的Cronbach's α信度测量（N＝176）

量表	Cronbach's α系数	题项数量	处理方式
总量表	0.692	38	接受
任务性沟通	0.728	8	接受
私人性沟通	0.838	6	接受
反应性沟通	0.782	4	接受
工具性诱导	0.883	8	接受
情感性诱导	0.923	8	接受
经济性诱导	0.763	4	接受

（三）验证性因素分析

结构方程模型包括测量模型和结构模型，典型的测量模型就是验证性因素分析（CFA）模型。验证性因素分析是一种先验性统计技术，即先有理论基础，理论已经告诉了变量间的关系，只需用样本数据来验证理论关系（Joreskog，1969）。使用验证性因素分析的前提是：一方面，由于潜变量无法直接测量，因此需要利用观察变量来间接测量；另一方面，一个潜变量至少需要 3 个以上的观察变量来反映，而观察变量是潜变量的不完美指标，因此观察变量会存在测量误差。在验证性因素分析中，研究者需要依据事先的理论所建立的模型或概念来界定与模型相关联的指标，整个模型与指标之间的系统性假设关系是事先被建立的。验证性因素分析主要是用来验证潜变量与观察变量之间的关系，证明模型理论基础的合理性，检验结构效度并作出相应修正，从而为结构方程模型分析提供修改依据。在管理学中 CFA 通常被认为是进行测量评价的好方法，在测量评价方面 CFA 主要有以下三方面作用：一是评价量表及因子结构；二是评价因子的层次关系，这种测量模型常被称为高阶 CFA；三是评价量表的效度。

在评价一个模型的合理性时，必须检查多个指数，而不能仅依赖其中的某一个指数（Hoyle，1995）。Amos 验证性因素分析提供了很多指数，都是设计为检验或描述整体模型拟合。常用的报告拟合统计量是卡方（Discrepancy），自由度（DF），概值（P），塔克—刘易斯指数（TLI）等。在结构方程模型中，绝对适配测量用以决定理论的整体模型能够预测观察共变数或相关矩阵的程度。也就是说，评价一个事前的模型能够重现样本资料的程度，使用的指标包括近似误差均方根 RMSEA 和适配度指标 GFI、PGFI 等。

拟合良好性指数（Goodness of Fit Index，GFI）、AGFI（Adjusted GFI）是最常用的指数，取值区间为（0，1），接近 0 表示拟合极差，接近 1 表示拟合良好。主观判断标准 GFI 值在 0.95 ~ 1 是好的，在 0.90 以上可以接受；AGFI 值在 0.90 ~ 1 是好的，大于 0.80 就可以接受。近似误差均方根（RMSEA）则是近年来相当受重视的一个模型适配指标，一般来说，RMSEA 值越小越好，判断标准是：当 RMSEA ≤ 0.05 时，表示理论模型可以被接受，通常将此定为“良好适配”，0.05 < RMSEA ≤ 0.08 可以视为“算是不错的适配”，0.08 < RMSEA ≤ 0.10 则是“中度适配”，RMSEA > 0.10 表示“不良适配”。

增量适配测量的目的在于用一个比较严格的或是套层的底线模型来和理论模型相比较，测量其适配改进比率的程度，使用的指标包括 NFI、NNFI、CFI 和 IFI 等。简效适配测量是用以表示需要达成某一特殊水平的模型适配的估计系数的数目是多少，简效适配指标包括简效规范适配指标（PNFI）、简效良性适配指标

(PGFI)。

由于本书在问卷效度分析时所做的探索性因素分析和信度分析从侧面部分证实了理论基础的合理程度，因此这里的验证性因素分析是在前面探索性因素分析的基础上直接验证观察变量与潜变量的关系，证明模型理论基础的合理性并做出相应修正，为后续结构方程模型分析提供修改依据。

1. 心理契约沟通治理机制验证性因素分析

为进一步验证心理契约治理沟通机制量表的合理性，运用 Amos 7.0 进行一阶验证性因素分析，将有关数据代入 Amos 7.0 中运行后，得到模型的主要拟合度指标如表 7-5 所示。

表 7-5 心理契约沟通治理机制验证性因素分析的拟合度检验

	χ^2	df	χ^2/df	P	RMSEA	GFI	AGFI	PNFI	PGFI	NFI	TLI	CFI
M1	145.019	87	1.667	0.000	0.061	0.908	0.873	0.761	0.658	0.918	0.958	0.965
M2	102.324	84	1.218	0.085	0.035	0.932	0.902	0.754	0.652	0.942	0.986	0.989

表 7-5 中模型 M1 为初始模型，根据表中模型 M1 的拟合统计指标，模型 M1 的 $\chi^2/df=1.667<2$，表示假设模型与样本数据的契合度可以接受，但 $P=0.000<0.05$，达到显著水平，拒绝虚无假设，表示样本数据的协方差矩阵与模型隐含的协方差矩阵适配不理想。绝对适配测量的 GFI 值为 0.908 > 0.90，显示假设模型可以接受。但 RMSEA = 0.061 > 0.05，显示本假设模型适配度还不够理想。从增量适配测量来看，CFI = 0.965，NFI = 0.918，大于 0.90 的可接受值。从简效适配指标来看，PNFI = 0.761，PGFI = 0.658，均大于 0.5 的可接受值，PNFI 和 PGFI 也符合标准。整体而言，可以说，虽然模型 M1 的绝对适配测量、增值适配测量和简效适配测量拟合指标基本达到所要求的接受值，但是还是有部分指标如卡方值检验的显著性概率值 P、绝对适配统计指标 RMSEA 等不够理想，且根据 Amos 的修改建议，初始模型还存在进一步修正的空间。因此，根据 Amos 的修改建议，在初始模型 M1 的基础上，在观察变量 A3 与 A12、A5 与 A6、A5 与 A12 之间建立误差关联，修正后的模型 M2 的拟合统计指标如表 7-5 所示。

根据表中修正模型 M2 的拟合统计指标，模型 M2 的 $\chi^2/df=1.218<2$，$P=0.085>0.05$，未达到显著水平，表示研究假设模型的隐含的协方差矩阵与样本数据的协方差矩阵之间适配良好。绝对适配测量的 GFI 值从 0.908 增加到 0.932，RMSEA = 0.035 < 0.05，显示本假设模型拟合良好。从增值适配测量来看，CFI = 0.989，NFI = 0.942，大于 0.90 的可接受值，且比修正前的模型拟合指标有所改进。从简效适配指标来看，PNFI = 0.754，PGFI = 0.652，均大于 0.5 的可接受

值，PNFI 和 PGFI 也符合标准。总体而言，与初始模型 M1 相比，模型 M2 的各项拟合统计指标都有较好的改善，因此，接受模型 M2 是一个比较符合实证资料的模型。模型各观察变量对应于潜变量的标准化因素负荷如图 7－2 所示。

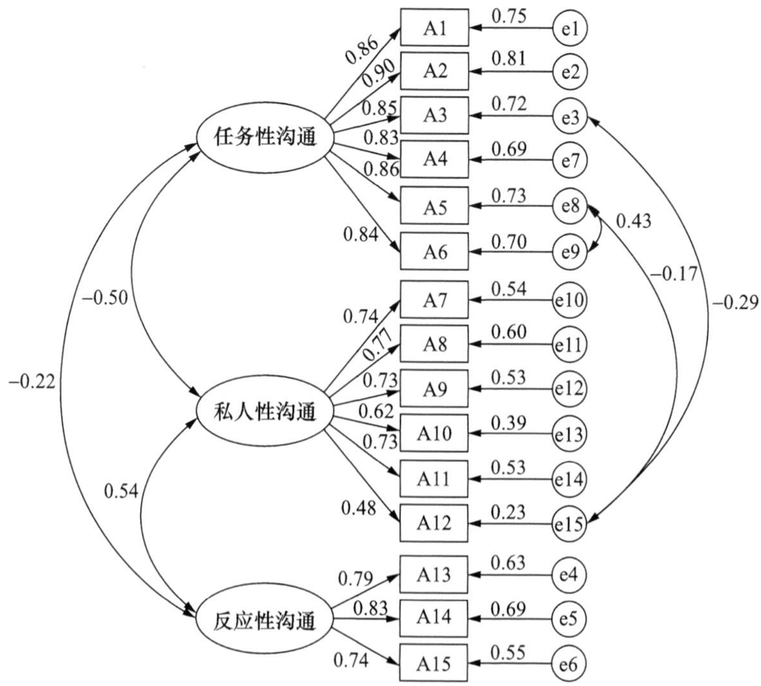

图 7－2　心理契约沟通治理机制的验证性因素分析

根据实证数据分析结果表明，心理契约沟通治理机制结构模型由任务性沟通、私人性沟通、反应性沟通三维结构构成的结论得到验证。

2. 心理契约诱导治理机制验证性因素分析

为进一步验证心理契约治理诱导机制量表的合理性，运用 Amos 7.0 进行一阶验证性因素分析，将有关数据代入 Amos 7.0 中运行后，得到模型的主要拟合度指标如表 7－6 所示。

表 7－6　心理契约治理诱导机制验证性因素分析的拟合度检验

	χ^2	df	χ^2/df	P	RMSEA	GFI	AGFI	PNFI	PGFI	NFI	TLI	CFI
M3	122.381	132	0.927	0.714	0.000	0.929	0.908	0.819	0.717	0.949	1.005	1.000

根据表 7－6 中模型 M3 的拟合统计指标，模型 M3 的 $\chi^2/df = 0.927 < 2$，$P = 0.714 > 0.05$，未达到显著水准，表示研究假设模型的隐含的协方差矩阵与样本数据的协方差矩阵之间适配良好。绝对适配测量的 GFI 值为 0.929 > 0.90，显示假设模型可以接受。RMSEA = 0.000 < 0.05，显示本假设模型拟合良好。从增值适配测量来看，CFI = 1.000，NFI = 0.949，均大于 0.90 的可接受值。从简效适配指标来看，PNFI = 0.819，PGFI = 0.717，可以看出，PNFI 和 PGFI 也符合标准。整体而言，所有的绝对适配测量、增值适配测量和简效适配测量，皆通过所要求的接受值，显示模型 M3 可以接受，是一个比较符合实证资料的模型。模型各观察变量对应于潜变量的标准化因素负荷如图 7－3 所示。

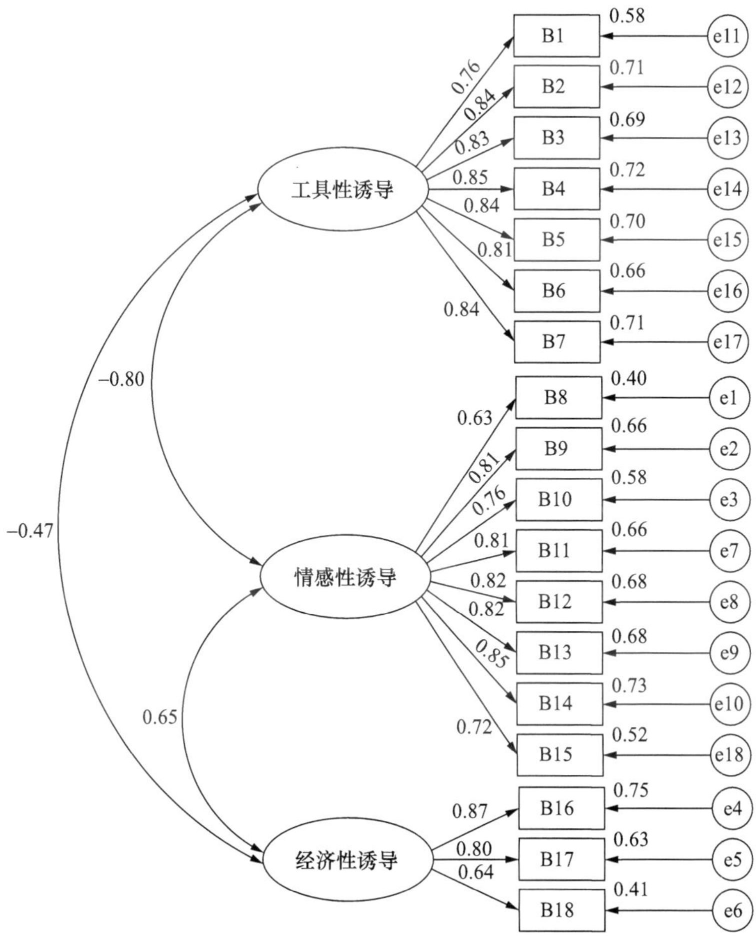

图 7－3　心理契约诱导治理机制的验证性因素分析

根据实证数据分析结果表明，心理契约治理诱导机制结构模型由工具性诱导、情感性诱导、经济性诱导三维结构构成的结论得到验证。

（四）问卷信度与效度检验

1. 信度检验

根据心理测量学要求，研究所使用的测试工具（调查问卷或测验量表）需要经过科学性检验，其测试结果才是可靠、可信和有效的，而这种科学性检验也就是信度检验与效度检验（凌文辁等，2000）。因此，对于本书研究所开发的心理契约治理机制正式测量量表的结构是否合理，其测试结果是否有效、可靠，还需要再做一次信度与效度检验。

通过 SPSS 15.0 软件对正式量表进行信度检验，运用正式调查回收的 181 个有效样本数据做 Cronbach's α 同置信度检验，以判断问卷项目之间的同质性或内部一致性。检验结果如表 7－7 所示。可以看出，量表修订后的总量表信度为 0.689，一般而言，信度系数要达到 0.70 以上即符合心理测量学的要求，而本研究问卷的总体信度为 0.689 略低于 0.70，但还属可接受范围（0.60～0.70）。同时，各分量表的信度系数均达到 0.8 以上，具有较高的信度，总体而言，修订后的量表具有良好的信度。

表 7－7　正式问卷的 Cronbach's α 信度测量（N＝181）

量表	Cronbach's α 系数	题项数量	处理方式
总量表	0.689	33	接受
任务性沟通	0.944	6	接受
私人性沟通	0.841	6	接受
反应性沟通	0.826	3	接受
工具性诱导	0.934	7	接受
情感性诱导	0.924	8	接受
经济性诱导	0.809	3	接受

2. 效度检验

根据不同的研究目的，效度则有多种不同的检验方法。由于本书主要目的在于探讨心理契约治理机制的结构维度，因此，采用因素分析方法来检验问卷的结构效度是最常用的方法。我们运用正式调查收集的 181 个有效样本数据对问卷量表的结构效度进行检验，检验方法仍然采用主成分分析法进行探索性因素分析，抽取特征根大于 1 的因子并对因子进行最大方差旋转进行因素抽取，得到多因子

（或单因子）结构模型，力求各结构模型能够解释总方差的60%以上，具体如下：

（1）对心理契约沟通治理机制结构效度的分析。检验变量间的相关性，KMO样本测度值为0.897，高于0.5是做因素分析的最低标准，KMO越接近1，越适合做公共因子分析。同时，巴特莱特球体检验（Bartlett Test of Sphericity）小于0.001，拒绝相关矩阵为单位矩阵I的原假设，也支持做因子分析。因此，抽取特征根大于1的因子并对因子进行最大方差正交旋转进行因素提取，得到三因素结构，各因素的载荷如表7-8所示。

表7-8 心理契约沟通治理机制的因子结构表（N=181）

项目	Component		
	1	2	3
A1 对方会经常与我方讨论合作过程中相互的职责	0.878		
A2 对方会经常与我方讨论合作进展情况	0.870		
A3 对方会经常与我方讨论相互履行职责的情况	0.811		
A4 对方会经常与我方讨论对于合作的一些期望	0.845		
A5 对方会非常清晰地告知我方合作的具体内容	0.874		
A6 对方会与我方共同讨论合作过程中遇到的各种问题	0.900		
A7 对方会与我方谈论家庭收益情况		0.743	
A8 对方会经常与我方讨论未来的发展计划		0.809	
A9 对方会经常关注我方内心的一些真实想法		0.786	
A10 对方会经常与我方互相交流工作之外的私事		0.645	
A11 对方经常与我方互相问候对方的家人		0.717	
A12 对方经常关心我们的私人困难（工作之外的困难）		0.534	
A13 当我有什么问题时，对方会尽全力及时地给出一个答复			0.815
A14 当我问一些问题时，对方会很认真倾听			0.866
A15 当我有不满情绪时，对方会很认真地予以解释			0.811
方差解释比例（%）	31.149	23.044	15.316
总方差解释比例（%）	69.509		

根据表7-8显示，通过因素提取的心理契约沟通治理机制的任务性沟通、私人性沟通、反应性沟通三个因素方差解释率分别为31.149%、23.044%与15.316%，合计解释了总方差的69.509%，各观察变量对因素的载荷均符合要求，说明该分量表的结构效度较好，通过结构效度验证。

（2）对心理契约诱导治理机制结构效度的分析。检验变量间的相关性，KMO 样本测度值为 0.959，高于 0.5 是做因素分析的最低标准，KMO 越接近 1，越适合做公共因子分析。同时，巴特莱特球体检验（Bartlett Test of Sphericity）小于 0.001，拒绝相关矩阵为单位矩阵 I 的原假设，也支持做因子分析。因此，抽取特征根大于 1 的因子并对因子进行最大方差正交旋转进行因素提取，得到三因素结构，各因素的载荷如表 7-9 所示。

表 7-9　心理契约诱导治理机制的因子结构表（N=181）

项目	Component		
	1	2	3
B1 我可以从对方那里获取完成工作任务所需要的资料	0.694		
B2 当我生产用的设施发生故障时，总能很迅速地得到修理或更新	0.822		
B3 对方总是尽可能提供最先进的设施供我们使用	0.804		
B4 对方总是为我们的生产提供很多的便利与支持	0.771		
B5 当出现与合作相关的任何变化时，我会在事前被告知	0.776		
B6 我们的一些想法或要求等信息很容易向对方反馈	0.785		
B7 对方给我们提供的合作条件非常好	0.799		
B8 当我们遇到困难时，对方总会给我们提供帮助		0.720	
B9 我可以经常与对方讨论我们的压力和困难		0.692	
B10 对方会时常关注我们的家庭生活状况		0.656	
B11 对方和我之间可以坦诚地倾诉心事		0.717	
B12 对方对我们一直很尊重		0.739	
B13 对方营造的合作气氛很融洽		0.677	
B14 我们与对方的合作关系很融洽		0.748	
B15 对方会关心与考虑我方的长远发展		0.636	
B16 对方真的很关心我方的利益			0.798
B17 对方经常会对我们的一些表现予以奖励			0.830
B18 对方总是会认真履行合约			0.759
方差解释比例（%）	30.037	26.654	13.567
总方差解释比例（%）	70.257		

根据表 7-9 显示，通过因素提取的心理契约诱导治理机制的工具性诱导、情感性诱导、经济性诱导三个因素方差解释率分别为 30.037%、26.654% 与 13.567%，合计解释了总方差的 70.257%，各观察变量对因素的载荷均符合要求，说明该分量表的结构效度较好，通过结构效度验证。

第八章　结论与展望

一、结　论

（一）心理契约治理机制概念

心理契约治理机制就是指一个渠道成员控制另一个渠道成员心理契约形成、发展以及违背的具体方式与措施，主要通过对心理契约动态发展过程的干预与诱导以调和渠道成员间的相互冲突或不同利益，最终实现渠道成员对社会交换过程中各方利益心理感知的平衡，从而产生有助于渠道关系质量不断改进与提升的内在动力。

（二）心理契约治理机制内容

通过对龙头企业与农户心理契约形成、发展与违背动态发展过程的理论分析，发现农户心理契约形成、发展与违背的动态发展很大程度上取决于其心理认知的识别过程、比较过程和解释过程。对于龙头企业而言，要想对心理契约进行治理，就有必要对农户这一认知过程采取措施，主要包括心理契约治理的沟通机制与诱导机制，以干预与诱导农户心理契约形成、发展与违背，从而阻止农户消极情绪或负面行为的产生。

（三）心理契约治理机制结构维度及测量

实证研究表明，心理契约治理沟通机制结构模型由任务性沟通、私人性沟通、反应性沟通三维结构构成。心理契约治理诱导机制结构模型由工具性诱导、情感性诱导、经济性诱导三维结构构成。由此，本书开发了心理契约治理机制测量量表。

二、启　示

基于上述分析，在我国龙头企业与农户合作过程中，对龙头企业与农户合作关系的治理应高度关注隐藏在龙头企业代表人与农户内心中“不言而喻”或“心照不宣”的心理契约内容，以心理契约形成、发展与违背的动态机制模型为基础创新渠道关系治理机制，尤其是龙头企业作为科层组织在渠道关系治理及创新过程中更应承担起主导的作用。一方面，龙头企业应综合运用传统的权威治理、合约治理与规范治理方式更有效地管理渠道关系，以弥补单独运用某一种治理方式存在的困境与不足；另一方面，有鉴于心理契约形成、发展与违背对农户行为的影响，龙头企业还必须从心理契约理论的视角，探究对心理契约形成、发展与违背动态发展过程进行干预与治理的有效途径，以增加农户与龙头企业间互相的信任与承诺，为恰当运用传统的权威治理、合约治理与规范治理机制提供好的环境与条件，抑制农户负面行为或机会主义行为发生的可能性。

心理契约是主观性的，从上述龙头企业与农户心理契约形成、发展与违背动态机制模型，可以得知农户心理契约形成、发展与违背的动态发展取决于其心理认知的全过程，即识别过程、比较过程和解释过程。对于农户个体而言，由于心理认知的特质性，其在识别、比较与解释的过程中对信息的收集、处理、分析与解释等并不全面，也不客观，由此，对于龙头企业而言，可以从这一认知过程中发现一些对策，以干预与诱导农户对于心理契约形成、承诺未兑现、契约破裂与违背的心理感知，从而阻止农户消极情绪或负面行为的产生。

（一）建立贯穿龙头企业与农户合作全过程的有效的沟通机制

从心理契约的形成、发展以及心理契约违背的识别、比较与解释过程可以看出，农户感知龙头企业的承诺未兑现、破裂或违背很大程度上来自双方合作过程中的沟通不畅或对相关信息的误读等。如在双方合作之初的理解歧义，很多企业为了吸引农户的加盟，往往通过夸大合作带来的利益造成过度的宣传或者给予农户不切实际的暗示，从而导致农户合作之初形成的心理契约内容与合作后的现实不一致。建立有效的沟通机制使农户从一开始就能了解未来的现实情况，使其心理预期与合作后的现实情况趋于一致，以减少相互间的理解歧义。而在合作过程中，有效的沟通机制则有利于减少由于信息不对称导致农户更容易感知承诺未兑现或感知契约的破裂等现象。如果缺乏沟通与相互的了解，还会导致农户在对契约破裂进行解释时，更易于将其归结为龙头企业的故意行为，进而更容易使农户感知龙头企业背信弃义并产生愤怒的情绪。高效畅通的沟通机制更有利于龙头企业与农户就有关合作问题进行明确而又具体的讨论和沟通，这将有利于增进相互间的了解、减少误会，使相互对契约内容的理解更接近，进而减少心理契约违背的可能性。

（二）要建立起心理契约形成与发展的诱导机制

根据心理契约相关理论，具有关系型心理契约的农户更容易对企业做出友好意向的推断，提高相互信任感，从而减少心理契约违背的可能性，进而直接影响到农户未来是否与龙头企业合作的行为意向。龙头企业应综合采取各种措施，形成对农户心理感知形成与发展的引导机制，如要在关注自身经济效益的同时，更真诚地为农户利益考虑，实实在在地关注与保护农户的切身利益；要尽可能地利用自身资源优势为农户提供更多的增值服务，以深化龙头企业与农户的合作关系；要在保证物质利益的基础上给予农户更多的情感关怀等措施与行为，以树立起农户对龙头企业更深层次的信任与情感承诺，促使农户与龙头企业从交易型心理契约向关系型心理契约发展与动态转化。显然，这种以情感为基础的信任，持续时间更长、更稳定，信任违约更少（Morrison & Robinson，1997），它还可能会使农户主动承担一定的风险，甚至容忍交易中短期的不公平或者承诺未履行。

三、展 望

（一）心理契约治理机制的发展与完善

心理契约是关系双方对于相互责任与义务的期望或心理感知，这是一个极其复杂的形成与发展过程，这一过程会受到众多因素的影响，本书仅从关系双方的沟通与诱导两方面来探讨对心理契约形成、发展与违背的动态过程予以治理。除此之外，有研究还发现名利心、对雇主的原始信任程度、违约的预期、劳动力市场上的可雇用性、违约的外部不可控因素、对程序公正的感知、对公平的敏感性等因素对心理契约违背都存在着调节作用（Kickul & Lester，2001）。这在一定程度上反映了心理契约影响因素的复杂性，因此，对其有效的治理就应考虑与控制更多的心理契约影响因素。由此，未来需要对心理契约治理机制进行更加深入的探索与研究，为更加有效地影响心理契约的形成与发展提供重要启示。

（二）心理契约治理机制对渠道绩效的影响机理

现有研究对于传统的渠道关系权威治理机制、合约治理机制与规范治理机制影响渠道绩效的研究较丰富。研究表明，心理契约的形成、发展与违背对于渠道关系双方的行为具有重要的影响，因此，关系主体合理地运用心理契约治理机制会对心理契约的形成、发展与违背产生影响，进而就会对渠道行为与渠道绩效产生重要的影响。心理契约治理机制如何对渠道绩效产生影响呢？其中的影响机理问题值得未来进一步探索与实证研究，这也是本书未来进一步的研究方向。

附录

一、调查问卷 I

第一部分　基本信息

1. 您所在的村位于：______省______县（市）

2. 您家人口总数____人，在家劳动力人口总数____人，户主的年龄是____岁，户主受教育程度是____（请打钩（√））：①小学及以下；②初中；③高中及以上

3. 目前您与龙头企业合作营销的农产品种类主要是（请打钩或按收入从大到小排序）______：①粮食类；②水果类；③蔬菜类；④水产类；⑤家禽类

4. 目前与您合作的农业龙头企业是__________________，已经合作了约（请打钩（√））：①1 年以下；②1 ~3 年；③3 年以上

5. 您家主要采取哪种合同形式与该龙头企业合作（请打钩（√））：①口头销售协议；②书面销售合同

第二部分　变量测量

1. 权威治理方式：请对您在与龙头企业打交道过程中，就下列情况出现的程度进行判断，并在对应空格中打钩（√）。

关于龙头企业“权力运用”的有关陈述	从来没用	很少运用	有时运用	经常运用	总是运用
A1 拒绝采购我们的产品或威胁将要取消采购我们的产品					
A2 以推迟采购我们的产品作为惩罚					
A3 撤销原来对我们的一些支持或优惠政策					
A4 威胁要解除与我们的合同					
A5 用有关法律条款来影响我们的行为或对我们施加压力					
A6 提醒我们在合同中所规定的我们必须要执行的一些条款					
B1 用该企业的经验来说服我们改变某一行为					
B2 要求我们合作，但不指明我们接受与否所可能引起的后果					
B3 要求我们合作，但并不给予我们任何报酬					
B4 为我们提供该企业所拥有的市场或销售信息					
B5 向我们提供通用的生产技术培训或服务					
B6 给我们一些具体的行为建议，向我们描述这些行为将给双方带来的好处					
B7 向我们提供足够的盈利空间保障					
B8 向我们提供随时的产品收购承诺					
B9 向我们提供与采购量增长相挂钩的折扣或返点					

2. 规范治理方式：请对您在与龙头企业打交道过程中，就下列情况出现的程度进行判断，并在对应空格中打钩（√）。

关于龙头企业"规范治理方式"的有关陈述	从来没有	很少有	有时有	经常有	总是有
C1 该企业会与我们共同讨论下一阶段合作产品的生产方面问题					
C2 该企业会与我们共同讨论下一阶段的产品产量问题					
C3 该企业会与我们共同计划未来可以扩大合作的其他农产品生产问题					
C4 该企业会给我们提供我们产品的市场销售预测					
C5 我们会让该企业了解我们的长期打算或生产计划					
D1 该企业经常和我们一起处理我们关系交往中产生的问题					
D2 该企业与我们经常相互帮助					
D3 该企业与我们会共同承担责任来把某件事情做好					
D4 我们双方都致力于进一步加强我们之间的关系					

3. 依从：请对您与龙头企业的关系行为进行判断，并在对应空格中打钩（√）。

关于农户对龙头企业"依从"的有关陈述	从来没有	很少有	有时有	经常有	总是有
F1 我们按照龙头企业的要求行事					
F2 当龙头企业要求我们做出改变时，我们就做出相应调整					
F3 我们适应龙头企业的愿望					

4. 关系承诺：请对您与龙头企业的关系行为进行判断，并在对应空格中打钩（√）。

关于农户对龙头企业“情感承诺”情况的陈述	完全反对	反对	中间立场	同意	完全同意
G1 我们喜欢与该企业的交往，即使能，我们也不轻易放弃与该企业的交往					
G2 我们与该企业已经发展了紧密的业务关系					
G3 我们感觉和该企业是一家人					
G4 我们愿意继续发展这种关系					
G5 对该企业的正面情感是我们持续与该企业合作的原因					

二、访谈提纲

1. 您对龙头企业与农户应承担责任和义务的期望是如何形成的?

2. 哪些因素会影响您对龙头企业与农户应承担责任和义务的期望?

3. 哪些因素会使您对龙头企业与农户相互责任和义务的期望发生动态变化，如从关注经济性的、短期的期望转变为主要关注关系性的、长期的期望?

4. 您如何获取对龙头企业与农户相互责任和义务期望的履行情况的?

5. 哪些因素会影响到您对期望履行或违背情况的认知与评价?

三、调查问卷Ⅱ

尊敬的先生/女士:

您好！首先感谢您在百忙之中抽出时间帮我完成这份问卷。

我是江西财经大学工商管理学院教师，现正在从事一项龙头企业与农户合作关系治理的课题研究，需要您的帮助，请在每行您认为应得的分数列中打“√”，“1”表示“从来没有”，“5”表示“总是有”，其他介于这两者之间，您的答案无所谓对或错，只要是您的真实想法，就是对我极大的帮助。

衷心感谢您的支持与帮助!

第一部分　基本信息

1. 您所在的村位于：________省________县（市）

2. 您的性别是（请打钩（√））：①男；②女；您的年龄是（请打钩（√））：①30 岁以下；②30～45 岁；③45～60 岁；④60 岁以上；您接受的教育程度是（请打钩（√））：①小学及以下；②初中；③高中及以上

3. 您与龙头企业合作营销的农产品种类主要是（请打钩（√）或按收入从大到小排序）________：①粮食类；②蔬菜类；③水产类；④家禽类；⑤其他类

4. 目前与您合作的农业龙头企业是____________________，已经合作了约多少年（请打钩（√））：①1 年以下；②1～3 年；③3 年以上

5. 您主要采取哪种合同形式与该龙头企业合作（请打钩（√））：①口头销售协议；②书面销售合同

第二部分　变量测量

变　量	从来没有	很少有	有时有	经常有	总是有
沟通机制	1	2	3	4	5
A1 对方会经常与我方讨论合作过程中相互的职责					
A2 对方会经常与我方讨论合作进展情况					
A3 对方会经常告知我方完成任务所需的相关信息					
A4 对方会经常向我方建议如何完成任务					
A5 对方会经常与我方讨论相互履行职责的情况					
A6 对方会经常与我方讨论对于合作的一些期望					
A7 对方会非常清晰地告知我方合作的具体内容					
A8 对方会与我方共同讨论合作过程中遇到的各种问题					
A9 对方会与我方谈论家庭收益情况					
A10 对方会经常与我方讨论未来的发展计划					
A11 对方会经常关注我方内心的一些真实想法					
A12 对方会经常与我方互相交流工作之外的私事					
A13 对方经常与我方互相问候对方的家人					
A14 对方经常关心我们的私人困难（工作之外的困难）					
A15 当我有一些疑惑时，对方会马上予以回应(语言或行为、肢体)					
A16 当我有什么问题时，对方会尽全力及时地给出一个答复					
A17 当我问一些问题时，对方会很认真倾听					
A18 当我有不满情绪时，对方会很认真地予以解释					
诱导机制	1	2	3	4	5
B1 我可以从对方那里获取完成工作任务所需要的资料					
B2 当我生产用的设施发生故障时，总能很迅速地得到修理或更新					

续表

变　量	从来没有	很少有	有时有	经常有	总是有
B3 对方总是尽可能提供最先进的设施供我们使用					
B4 对方总是为我们的生产提供很多的便利与支持					
B5 对方员工与我方人员配合总是很好					
B6 我们的一些想法或要求等信息很容易向对方反馈					
B7 对方给我们提供的合作条件非常好					
B8 对方员工与我方人员配合总是很好					
B9 当我们遇到困难时，对方总会给我们提供帮助					
B10 我可以经常与对方讨论我们的压力和困难					
B11 对方会时常关注我们的家庭生活状况					
B12 对方和我之间可以坦诚地倾诉心事					
B13 对方对我们一直很尊重					
B14 对方营造的合作气氛很融洽					
B15 我们与对方的合作关系很融洽					
B16 对方会关心与考虑我方的长远发展					
B17 对方真的很关心我方的利益					
B18 对方经常会对我们的一些表现予以奖励					
B19 对方确实顾及我方的福利					
B20 对方总是会认真履行合约					

四、调查问卷Ⅲ

尊敬的先生/女士：

您好！首先感谢您在百忙之中抽出时间帮我完成这份问卷。

我是江西财经大学工商管理学院教师，现正在从事一项龙头企业与农户合作关系治理的课题研究，需要您的帮助，请在每行您认为应得的分数列中打"√"，"1"表示"从来没有"，"5"表示"总是有"，其他介于这两者之间，您的答案无所谓对或错，只要是您的真实想法，就是对我极大的帮助。

衷心感谢您的支持与帮助！

第一部分　基本信息

1. 您所在的村位于：________省________县（市）

2. 您的性别是（请打钩（√））：①男；②女；您的年龄是（请打钩

（√））：①30 岁以下；②30～45 岁；③45～60 岁；④60 岁以上；您接受的教育程度是（请打钩（√））：①小学及以下；②初中；③高中及以上

3. 您与龙头企业合作营销的农产品种类主要是（请打钩（√）或按收入从大到小排序）________：①粮食类；②蔬菜类；③水产类；④家禽类；⑤其他类

4. 与您合作的农业龙头企业是____________，已经合作了约多少年（请打钩（√））：①1 年以下；②1～3 年；③3 年以上

5. 您主要采取哪种合同形式与该龙头企业合作（请打钩（√））：①口头销售协议；②书面销售合同

第二部分　变量测量

变　量	从来没有	很少有	有时有	经常有	总是有
任务性沟通	1	2	3	4	5
A1 对方会经常与我方讨论合作过程中相互的职责					
A2 对方会经常与我方讨论合作进展情况					
A3 对方会经常与我方讨论相互履行职责的情况					
A4 对方会经常与我方讨论对于合作的一些期望					
A5 对方会非常清晰地告知我方合作的具体内容					
A6 对方会与我方共同讨论合作过程中遇到的各种问题					
私人性沟通	1	2	3	4	5
A7 对方会与我方谈论家庭收益情况					
A8 对方会经常与我方讨论未来的发展计划					
A9 对方会经常关注我方内心的一些真实想法					
A10 对方会经常与我方互相交流工作之外的私事					
A11 对方经常与我方互相问候对方的家人					
A12 对方经常关心我们的私人困难（工作之外的困难）					
反应性沟通	1	2	3	4	5
A13 当我有什么问题时，对方会尽全力及时地给出一个答复					
A14 当我问一些问题时，对方会很认真倾听					
A15 当我有不满情绪时，对方会很认真地予以解释					
工具性诱导	1	2	3	4	5
B1 我可以从对方那里获取完成工作任务所需要的资料					
B2 当我生产用的设施发生故障时，总能很迅速地得到修理或更新					
B3 对方总是尽可能提供最先进的设施供我们使用					

续表

变　量	从来没有	很少有	有时有	经常有	总是有
B4 对方总是为我们的生产提供很多的便利与支持					
B5 对方员工与我方人员配合总是很好					
B6 我们的一些想法或要求等信息很容易向对方反馈					
B7 对方给我们提供的合作条件非常好					
情感性诱导	1	2	3	4	5
B8 当我们遇到困难时，对方总会给我们提供帮助					
B9 我可以经常与对方讨论我们的压力和困难					
B10 对方会时常关注我们的家庭生活状况					
B11 对方和我之间可以坦诚地倾诉心事					
B12 对方对我们一直很尊重					
B13 对方营造的合作气氛很融洽					
B14 我们与对方的合作关系很融洽					
B15 对方会关心与考虑我方的长远发展					
经济性诱导	1	2	3	4	5
B16 对方真的很关心我方的利益					
B17 对方经常会对我们的一些表现予以奖励					
B18 对方总是会认真履行合约					

参考文献

[1] Anderson James C, Narus James A. A Model of Distributor Firm and Manufacturer Firm Working Partnerships [J]. Journal of Marketing, 1990, 54 (January).

[2] Anderson James C. Relationships in Business Markets: Exchange Episodes, Value Creation, and their Empirical Assessment [J]. Journal of the Acadey of Marketing Science, 1995, 23 (4).

[3] Argyris C. Understand Organizational Bahavior [M]. London: Tavistoch Publications, 1960.

[4] Aselage J, Eisenberger R. Perceived Organizational Support and Psychological Contracts: A Theoretical Integration [J]. Journal of Organizational Behavior, 2003, 24 (5).

[5] Bagozzi R P. Measurement in Marketing Research: Basic Principles of Questionnaire Design, Principles of Marketing Research [M]. Mass: Blackwell Publishers, 1994.

[6] Bagozzi R P. Marketing as Exchange [J]. Journal of Marketing, 1975, 39 (4).

[7] Barham, Chitemi. Collective Action Initiatives to Improve Marketing Performance: Lessons from Farmer Groups in Tanzania [J]. Food Policy, 2009, 34 (1).

[8] Blancero D M, DelCampo R G, Marron G F. Perception of Fairness in Psychological Contracts by Hispanic Business Professionals: An Empirical Study in the United States [J]. International Journal of Management, 2007, 24 (2).

[9] Blancero D, Ellram L. Strategic Supplier Partnering: A Psychological Contract Perspective [J]. International Journal of Physical Distribution & Logistics Management, 1997, 2 (9/10).

[10] Boehlje M, Schrader L F. The Industrialization of Agricultrue: Questions of Coordination, In the Industrialization of Agriculture [A]. Great Britain: The Ipawich

Book Company, 1998.

[11] Brown J R, Dev C S, Lee D J. Managing Marketing Channel Opportunism: The Efficacy of Alternative Governance Mechanisms [J]. Journal of Marketing, 2000, 64 (April) .

[12] Brown J R, Lusch R F, Nicholson C Y. Power and Relationship Commitment: Their Impact on Marketing Channel Member Performance [J]. Journal of Retailing, 1995, 17 (4) .

[13] Carson S, Madhok A, Wu T. Uncertainty, Opportunism and Governance: The Effects of Volatility and Ambiguity on Formal and Relational Contracting [J]. Academy of Management Journal, 2006, 49 (5) .

[14] Claro D P, Hagelaar G, Omta O. The Determinants of Relational Governance and Performance: How to Manage Business Relationships? [J]. Industrial Marketing Management, 2003, 32 (8) .

[15] Corsten D, Kumar N. Do Suppliers Benefit from Collaborative Relationships with Large Retailers? An Empirical Investigation of ECR Adoption [J]. Journal of Marketing, 2005, 69 (3) .

[16] Coviello N E, Brodie R J, Danaher P J, Johnston W J. How Firms Relate to Their Markets: An Empirical Examination of Contemporary Marketing Practices [J]. Journal of Marketing, 2002, 66 (3) .

[17] Crosby L A, Kenneth R E, Deborah C. Relationship Quality in Service Selling: An Interpersonal Influence Perspective [J]. Journal of Marketing, 1990, 54 (July) .

[18] Crosno Jody L, Robert Dahlstrom: A Meta – Analytic Review of Opportunism in Exchange Relationships [J]. Journal of the Academy of Marketing Science, 2008, 36 (June) .

[19] Crowell, John Franklin. Report of the Industrial Commission on the Distribution of Farm Products [M]. Vol. VI Washington, D. C.: Government Printing Office, 1901.

[20] Cullinane N, Dundon T. The Psychological Contract: A Critical Review [J]. International Journal of Management Reviews, 2006, 8 (2) .

[21] Darryl T Banks, J. Wesley Hutchinson, Robert J. Meyer. Reputation in Marketing Channels: Repeated – Transactions Bargaining with Two – Sided Uncertainty [J]. Marketieg Science, 2002, 21 (3) .

[22] Davies H, Leung T K P, Luk S T K, Wong Y. The Benefits of "Guanxi":

The Value of Relationship in Developing Chinese Market [J]. Industrial Marketing Management, 1995, 24 (3).

[23] Den Ouden M, et al. Vertical Cooperation in Agricultural Production – Marketing Chains, with Special Reference to Production Differentiation in Pork [J]. Agribusiness, 1996 (12).

[24] Dixit Avinash K. Lawlessness and Economics: Alternative Models of Governance [M]. Princeton University Press, 2004.

[25] Doney Patricia M, Cannon Joseph P. An Examination of the Nature of Trust in Buyer – Seller Relationships [J]. Journal of Marketing, 1997, 61 (April).

[26] Doy D G, et al. Broiler Production: Consideration for Potential Growers, OSU, Extension Facts, CEC [J]. Division of Agricultural Science and Natural Resources, 1992 (22).

[27] Dyer Singh H. The Relational View: Cooperative Strategy and Sources of Interorganizational Competitive Advantage [J]. Academy of Management Review, 1998 (23).

[28] EI – Ansary Adel, Louis W Stern. Power Measurement in the Distribution Channel, Journal of Marketing Research, 1972, 9 (February).

[29] Eisenberger R, Armeli S, Rexwinkel B, Lynch P D, Rhoades L. Reciprocation of Perceived Organizational Support [J]. Journal of Applied Psychology, 2001 (86).

[30] Eisenberger R, Cummings J, Armeli S, Lynch P D. Perceived Organizational Support, Discretionary Treatment, and Job Satisfaction [J]. Journal of Applied Psychology, 1997 (5).

[31] Eisenberger R, Fasolo P, Davis – LaMastro V. Perceived Organizational Support and Employee Diligence, Commitment and Innovation [J]. Journal of Applied Psychology, 1990 (75).

[32] Eisenberger R, Huntington R, Hutchison S, Sowa D. Perceived Organizational Support [J]. Journal of Applied Psychology, 1986 (71).

[33] Eisenberger R, Stinglhamber F, Vandenberghe C, Sucharski I L, Rhoades L. Perceived Supervisor Support: Contributions to Perceived Organizational Support and Employee Retention [J]. Journal of Applied Psychology, 2002 (87).

[34] Flint Daniel J, Woodruff Robert B, Gardial Sarah Fishe. Customer Value Change in Insustrial Marketing Relationships: A Call for New Strategies and Research [J]. Industrial Marketing Management, 1997 (26).

[35] Emerson R M. Power – Dependence Relations [J]. American Sociological Review, 1962, 27 (February) .

[36] Etgar M. Differences in the Use of Manufacturer Power in Conventional and Contractual Channels [J]. Journal of Retailing, 1978, 54 (4) .

[37] Ford D. The Development of Buyer – Seller Relationships in Industrial Markets [J]. European Journal of Marketing, 1980, 14 (5/6) .

[38] Frazier G L, Sawhney K, Shevani T. Intensity, Functions, and Integration in Channels of Distribution [J]. Review of Marketing, AMA, 1990 (4) .

[39] Frazier G, Summers J. Perceptions of Interfirm Power and its Use within Distribution Channels [J]. Journal of Marketing Research, 1986, 23 (5) .

[40] Frazier G. Organizing and Managing Channels of Distribution [J]. Academy of Marketing Sciece, 1999, 27 (2) .

[41] Frazier Rody. The Use of Influence Strategies in the Interfirm Relationships in Industrial Product Channel [J]. Journal of Marketing, 1991, 55 (1) .

[42] Ganesan Shankar. Determinants of Long – Term Orientation in Buyer – Seller Relationships [J]. Journal of Marketing, 1994, 58 (April) .

[43] Gaski J F, Nevin J R. The Differential Effects of Exercised and Unexercised Power Sources in a Marketing Channel [J]. Journal of Marketing Research, 1985, 22 (2).

[44] Gaski J F. Interrelations among a Channel Entity's Power Sources: Impact of the Exercise of Reword and Coercion on Expert, Referent, and Legitimate Power Sources [J]. Journal of Marketing Research, 1986, 23 (February.) .

[45] Gaski J F. The Theory of Power and Conflict in Channels of Distribution [J]. Journal of Marketing, 1984 (48) .

[46] Gassenheimer J B, Houston F S, Davis J C. The Role of Economic Value, Social Value, and Perceptions of Fairness in Interorganizatinal Relationship Retention Decisions [J]. Journal of the Academy of Marketing Science, 1998, 26 (4) .

[47] Geyskens I, J E M Steenkamp. An Investigation into the Joint Effects of Trust and Interdependence on Relationship Commitment [A]. Proceedings of the 24th Annual Conference of the European Marketing Academy, 1995.

[48] Geyskens I, Steenkamp J E M, Kumar N. A Meta – analysis of Satisfaction in Marketing Channel Relationships [J]. Journal of Marketing Research, 1999, 36 (5) .

[49] Geyskens I, J E M Steenkamp, N Kumar. Generalizations about Trust in

Marketing Channel Relationships Using Meta – analysis [J]. International Journal of Research in Marketing, 1998 (15).

[50] Gilmore. The Death of Contract [M]. Columbus: Ohio State University Press, 1974.

[51] Glover D, Kusterer K. Small Farmers, Big Business: Contract Farming and Rural Development [M]. London: Macmillian, 1990.

[52] Goodman Lester E, Dion Paul A. The Determinants of Commitment in the Distributor – Manufacturer Relationship [J]. Industrial Marketing Management, 2001 (30).

[53] Granovetter M. Economic Action and Social Structure: the Problem of Embededness [J]. American Journal of Sociology, 1985 (91).

[54] Greenberg J. Employee Theft as a Reaction to Under – payment Inequity: The Hidden Cost of Pay Cuts [J]. Journal of Applied Psychology, 1990, 75 (5).

[55] Guest E D. Is the Psychological Contractworth Taking Seriously? [J]. Journal of Organizational Behavior, 1998 (19).

[56] Harold F Breimyer. The Economics of Agricultural Marketing: A Survey [J]. Review of Marketing and Agricultral Economics, 1973, 12 (4).

[57] Heide J B. Interorganazational Governance in Marketing Channels [J]. Journal of Marketing, 1994, 58 (1).

[58] Heide J, Miner A S. The Shadow of the Future: Effects of Anticipated Interaction and Frequency of Contact on Buyer – Seller Cooperation [J]. Academy of Management Journal, 1992, 35 (2).

[59] Hennessa David A, Lawrence John D. Contractual Relations, Control, and Quality in the Hog Sector [J]. Review of Agricultural Economics, 1999 (1).

[60] Hennessa David A. Information Asymmetry as a Reason for Food Industry Vertical Integration [J]. American Journal of Agricultural Economics, 1996 (11).

[61] Henning – Thurau T, Klee A. The Impact of Customer Satisfaction and Relationship Quality on Customer Rention: A Critical Reassessment and Model Development [J]. Psychology & Marketing, 1997, 14 (December.).

[62] Herriot P, Manning W E G., Kidd J M. The Content of the Psychological Contract [J]. British Journal of Management, 1997 (8).

[63] Herriot P, Pemberton C, New Deals. The Revolution in Managerial Careers [M]. Chichester: John Wiley & Sons, 1995.

[64] Hewett Kelly, Bearden William O. Dependence, Trust, and Relational Be-

havior on the Part of Foreign Subsidiary Marketing Operations: Implications for Managing Global Marketing Operations [J]. Journal of Marketing, 2001, 65 (10).

[65] Hobbs Till E. Increasing Vertical Linkages in Agrifood Supply Chain: A Conceptual Model and Some Preliminary Evidence [J]. Research Discussion Paper No. 35, University of Saskatchewan, August 1999.

[66] Hunt S, Nevin J. Power in a Channel of Distribution: Sources and Consequences [J]. Journal of Marketing Research, 1974, 11 (May).

[67] James R Brown, Jody L Crosno, Chekitan S Dev. The Effects of Transaction – Specific Investments in Marketing Channels: The Moderating Role of Relational Norms [J]. Journal of Marketing Theory and Practice, 2009, 17 (4).

[68] Jap Sandy D, Ganesan Shankar. Control Mechanisms and the Relationship Life Cycle: Implications for Safeguarding Specific Investments and Developing Commitment [J]. Journal of Marketing Research, 2000 (5).

[69] Jap Sandy D. Pie – Expansion Efforts: Collaboration Processes in Buyer – Supplier Relationships [J]. Journal of Marketing Research, 1999 (11).

[70] Kale S H. Dealer Perceptions of Manufacturer Power and Influence Strategies in a Developing Country [J]. Journal of Marketing Research, 1986, 23 (3).

[71] Kelly H, William O B. Dependence, Trust, and Relational Behavior on the Part of Foreign Subsidiary Marketing Operations: Implications for Managing Global Marketing Operations [J]. Journal of Marketing, 2001, 65 (4).

[72] Kickul J., Lester S W. Broken Promises: Equity Sensitivity as a Moderator between Psychological Contract Breach and Employee Attitudes and Behavior [J]. Journal of Business and Psychology, 2001 (16).

[73] Kim K. On Interfirm Power, Channel Climate, and Solidarity in Industrial Distributors Supplier Dyads [J]. Journal of the Academy of Marketing Science, 2000, 12 (1).

[74] Kim Stephen Keysuk, Ping – Hung Hsieh. Interdependence and Its Consequences in Distributor – Supplier Relationships: A Distributor Perspective through Response Surface Approach [J]. Journal of Marketing Research, 2003, 40 (February.).

[75] Kim, Stephen Keysuk. Relational Behaviors in Marketing Channel Relationships: Transaction Cost Implications [J]. Journal of Business Research, 2007, 60 (11).

[76] Kingshott Russel P J. The Impact of Psychological Contracts up on Trust and

Commitment within Supplier - buyer Relationships: A Social Exchange View [J]. Industrial Marketing Management, 2006, 35 (6) .

[77] Kotter J P. The Psychological Contract [J]. California Management Review, 1973, 15 (3) .

[78] Kumar N, Scheer L K, Steenkamp J E M. Interdependence, Punitive Capability, and the Reciprocation of Punitive Actions in Channel Relationships [J]. Journal of Marketing Research, 1998, 35 (2) .

[79] Kumar Nirmalya. The Power of Power in Supplier - Retailer Relationship [J]. Industrial Marketing Management, 2005 (34) .

[80] Lapierre J. Customer - perceived Value in Industrial Contexts [J] . Journal of Business & Industrial Marketing, 2000, 5 (2) .

[81] Lence Sergio H, Marette Stéphan, Hayes Dermot J, Foster William. Collective Marketing Arrangements for Geographically Differentiated Agricultural Products: Welfare Impacts and Policy Implications [J]. American Journal of Agricultural Economics, 2007, (4) .

[82] Lester S W, Turnley W H, Bloodgood J M, et al. Not Seeing Eye to Eye: Differences in Supervisor and Subordinate Perceptions of and Attributions for Psychological Contract Breach [J]. Journal of Organizational Behavior, 2002 (23) .

[83] Levinson H, Price C R, Munden K J, et al. Men, Management and Mental Health [M]. Cambridge: Harvard University Press, 1962.

[84] Lusch R F, Brown J R. Interdependency, Contracting and Relational Behavior in Marketing Channels [J]. Journal of Marketing, 1996, 60 (4) .

[85] Lusch R F. Channel Conflict: Its Impact on Retailer Operating Performance [J]. Journal of Retailing, 1976, 52 (2) .

[86] MacNeil I R. Relational Contract: What We Do and Do Not Know. Wisconsin Law Review, 1985 (10) .

[87] Macneil Ian. The New Social Contract: New Haven [M]. CT: Yale University Press, 1980.

[88] McMillian R. Customer Satisfaction and Organizational Support for Service Providers [D]. Doctoral Dissertation, University of Florida, 1997.

[89] Meuse K P D, Bergmann T J, Vanderheiden P A, Roraff C E. New Evidence Regarding Organizational Downsizing and A Firm' s Financial Performance: A Long - term Analysis [J]. Journal of Managerial Issues, 2004, 16 (2) .

[90] Mohr J, Nevin J R. Communication Strategies in Marketing Channels: A

Theoretical Perspective [J]. Journal of Marketing, 1990, 54 (3) .

[91] Moller K, Halinen A. Relationship Marketing Theory: Its Roots and Direction [J]. Journal of Marketing Management, 2000 (16) .

[92] Mooi E A, Ghosh M. Contract Specificity and Its Performance Implications [J]. Journal of Marketing, 2001, 74 (3) .

[93] Moore H L. Ensuring Contract Product Producers' Interests are Protected. Am – Coop [J]. Washington D. C. National Council of Farmer Cooperatives, 1994 (9).

[94] Moorman Christine, Deshpande Robit, Zaltman Gerald. Factors Affecting Trust in Market Research Relationships [J]. Journal of Marketig, 1993, 57 (1) .

[95] Moorman Zaltman, Deshpande. Relationship between Providers and Users of Market Research: The Dynamics of Trust within and between Organizations [J]. Journal of Marketing, 1992 (8) .

[96] Morgan Robert M, Hunt Shelby D. The Commitment – Trust Theory of Relationship Marketing [J]. Journal of Marketing, 1994, 58 (July) .

[97] Morganosky. Large Format Retailing in the US: A Consumer Experience Perspective [J]. Journal of Retailing and Consumer Services, 2000, 7 (4) .

[98] Morrison E W, Robinson S L. When Employees Feel Betrayed: A Model of How Psychological Contract Violation Develops [J]. Academy of Management Review, 1997 (22) .

[99] Muchinsky P M. Organizational Communication: Relationships to Organizational Climate and Job Satisfaction [J]. Academy of Management Journal, 1977, 20 (4) .

[100] Muller – Lankenau Claas, Wehmeyer Kai, Klein Stefan. Strategic Channel Alignment: An Analysis of the Configuration of Physical and Virtual Marketing Channels [J]. Information Systems and e – Business Management, 2006, 4 (2) .

[101] Narayandas D Rangan V K. Building and Sustaining Buyer – seller Relationships in Mature Industrial Markets [J]. Journal of Marketing, 2004, 68 (3) .

[102] Nigel Key, William Mebride. Production Contracts and Productivity in the U. S. [J]. Hog Sector Amer J Agr. Econ, 2003, 85 (1) .

[103] Paquin J. Contract Enforcement in Dakar: An Empirical Look at Local Constraints and Opportunities [M]. SSRN Working Paper, 2007.

[104] Pegram R M. Selecting and Evaluating Distributors [J]. Business Policy Study, 1965 (116) .

[105] Penley L E, Hawkins B. Studying Interpersonal Communication in Organizations: A Leadership Application [J]. Academy of Management Journal, 1985, 28(2).

[106] Pierre B, Leyland F Pitt, Michael T Ewing, Gunnar Bakkeland. Norms and Power in Marketing Relationships: Alternative Theories and Empirical Evidence [J]. Journal of Business Research, 2003 (56).

[107] Pincus J D. Communication Satisfaction, Job Satisfaction, and Job Performance [J]. Human Communication Research, 1986, 12 (3).

[108] Pole K L, Haskell J. Managing a Modern Relationship: Critical Factors for Business to Business Markets [A]. Proceedings of Academy of Marketing Annual Conference [C]. Nottingham University Business School, 2002.

[109] Poppo L, Zenger T. Do Formal Contracts and Relational Governance Function as Substitutes or Complements? [J]. Strategic Management Journal, 2002, 23 (8).

[110] Putti J M, Aryee S, Phua J. Communication Relationship Satisfaction and Organizational Commitment [J]. Group & Organization Management, 1990, 15 (1).

[111] Ramaseshan B, Yip Leslie S C, Pae Jae H. Power, Satisfaction, and Relationship Commitment in Chinese Store – Tenant Relationship and Their Impact on Performance [J]. Journal of Retailing, 2006, 82 (1).

[112] Rawwas M Y A, Vitell S J, Bernes J H. Management of Conflict Using Individual Power Sources: A Retailers' Perspective [J]. Journal of Business Research, 1997 (40).

[113] Reddy A S, Reddy L K, Reddy M L P. Organizational Communication and Performance [J]. Journal of Applied Psychology, 1984, 69 (3).

[114] Rehber Erkan Vertical Integration in Agricultural and Contract Farmer Working Paper Series, Food Marketing Policy Center [J]. University of Connecticut, 1998 (32).

[115] Rehber Erkan. Vertical Coordination in the Agro – food Industry and Contract Farmer: A Comparative Study of Turkey and the USA, Food Marketing Policy Center Research [J]. University of Connecticut, 2000 (52).

[116] Ricard L Kohls, Loseph N Uhl. Marketing of Agricultural Products [M]. Prentice Hall, Inc., 1985.

[117] Rindfleisch A, Heide J B. Transaction Cost Analysis: Past, Present, and Future Applications [J]. Journal of Marketing, 1997, 61 (10).

[118] Robert Gibbons, Murphy K J. Relational Contracts and the Theory of Firm [J]. Quarterly Journal of Economics, 2002 (117).

[119] Roberts K H, O'Reilly C A. Measuring Organizational Communication [J]. Journal of Applied Psychology, 1974, 59 (3).

[120] Roberts Keith, Qki Sajeev, Brodie Rod. Measuring the Quality of Relationships in Consumer Services: An Empirical Study [J]. European Journal of Marketing, 2003, 37 (1-2).

[121] Robicheaux Robert A, EI-Ansary Adel I. A General Model for Understanding Channel Member Behavior [J]. Journal of Retailing, 1976, 52 (4).

[122] Robinson S L Morrison E W. Psychological Contracts and OCB: The Effect of Unfulfilled Obligations on Civic Virtue Behavior [J]. Journal of Organizational Behavior, 1995, 16 (3).

[123] Robinson S L, Rousseau D M. Changing Obligations and the Psychological Contract: A Longitudinal Study [J]. Academy of Management Journal, 1994 (37).

[124] Robinson S L. Trust and Breach of the Psychological Contract [J]. Administrative Science Quarterly, 1996, 41 (4).

[125] Roehling M V. The Origins and Early Development of the Psychological Contract Construct [J]. Journal of Management History, 1997, 3 (2).

[126] Romar E J. Globalization, Ethics, and Opportunism: A Confucian View of Business Relationship [J]. Business Ethics Quarterly, 2004, 14 (4).

[127] Rosenbloom Bert. The Wholesaler's Role in the Marketing Channel: Disintermediation vs. Reintermediation, International Review of Retail [J]. Distribution & Consumer Research, 2007, 17 (14).

[128] Rosenbloom B. Marketing Channels [M]. Chicago: The Dryden Press, 1987.

[129] Rousseau D M, Parks M J. The Contracts of Individuals and Organizations [A]. In L. Cummings & B. M. Staw (Eds.) [C]. Research in Organizational Behavior [M]. Greenwich, CT: JAI Press, 1993.

[130] Rousseau D M, Tijioriwala. Perceived Legitimacy & Unilateral Contract Change: It Takes a Good Reason to Change a Psychological Contract [C]. San Diago: Symposium at the SIOP Meetings, 1996.

[131] Rousseau D M, Snehal A T. Assessing Psychological Contracts: Issues, Alternatives, and Measures [J]. Journal of Organizational Behavior, 1998, 19 (7).

[132] Rousseau D M. Extending the Psychology of the Psychological Contract: A

Reply to "Putting Psychology back into Psychological Contracts" [J]. Journal of Management Inquiry, 2003 (12).

[133] Rousseau D M. New Hire Perceptions of Their Own and Their Employer's Obligations: A Study of Psychological Contract [J]. Journal of Organizational Behavior, 1990, 11 (4).

[134] Rousseau D M. Schema, Promise and Mutuality: The Building Blocks of the Psychological Contract [J]. Journal of Occupational and Organizational Psychology, 2001, 74 (4).

[135] Rousseau D M. Mclean P J. The Contracts of Individuals and Organizations [J]. Research in Organizational Behavior, 1993, 15 (6).

[136] Rousseau D M. Psychological and Implied Contracts in Organizations [J]. Employee Responsibilities and Rights Journal, 1989, 2 (2).

[137] Rousseau, D M. Psychological Contracts in Organizations: Understanding Written and Unwritten Agreements [M]. Thouand Oaks, CA: Sage, 1985.

[138] Roy E P. Contract Farming [M]. Danvill, Illinois: Interstate Printers and Publishers Inc., 1963.

[139] Schein E. Organizational Psychology [M]. Englewood Cliffs N. J. Prentice Hall, 1965.

[140] Schmitz Christian, Wagner Tillmann. Satisfaction in International Marketing Channels: A Local Channel Member Perspective [J]. Journal of Marketing Channels, 2007, 14 (4).

[141] Sheng S, Brown J R, Nicholson C Y, et al. Do Exchange Hazards always Foster Relational Governance? An Empirical Test of the Role of Communication [J]. International Journal of Research in Marketing, 2006, 23 (1).

[142] Sheth J N, Parvatiyar A. The Evolution of Relationship Marketing [J]. International Business Review, 1995, 4 (4).

[143] Sin L Y M, Tse A C B, Yau O H M, Chow R P M, Lee J S Y, Lau L B Y. Relationship Marketing Orientation: Scale Development and Cross-cultural Validation [J]. Journal of Business Research, 2005, 58 (2).

[144] Sin L Y M, Tse A C B, Yau O H M, Chow R P M, Lee J S Y. Market Orientation, Relationship Marketing Orientation, and Business Performance: The Moderating Effects of Economic Ideology and Industry Type [J]. Journal of International Marketing, 2005, 13 (1).

[145] Skinner S J, Guiltinan J P. Perceptions of Channel Control [J]. Journal of

Retailing, 1985, 61 (4) .

[146] Smith K G, Carroll S J, Ashford S J. Intra - and - Interorganizational Co-operation: Toward a Reserch Agenda [J]. Academy of Management Journal, 1995, 38 (1) .

[147] Stern L W, EI - Ansary A. Marketing Channels [M]. New Jersey: Prentice Hall, Inc. , 1992.

[148] Stern L W, EI - Ansary A I, Cvoughlan A T. Marketing Channels [M]. Englewood Cilffs, New Jersey: Prentice - Hall, 1996.

[149] Stewart Macaulay. Non - Contractural Relations in Business: A Preliminary Study [J]. American Sociological Review, 1963 (28) .

[150] Styles C, Ambler T. The Coexistence of Transaction and Relational Marketing: Insights from the Chinese Business Context [J]. Industrial Marketing Management, 2003, 32 (8) .

[151] Tsourgiannis L, Eddison J, Warren M. Factors Affecting the Marketing Channel Choice of Sheep and Goat Farmers in the Region of East Macedonia in Greece Regarding the Distribution of Their Milk Production [J]. Small Ruminant Research, 2008, 79 (1) .

[152] Tsui A S, Tripoli A M. Alternative Approaches to the Employee - organization Relationship: Does Investment in Employees Pay off? [J]. Academy of Management Journal, 1997, 40 (5) .

[153] Turnley W H, Bolino M C, Lester S W, Bloodgood J M. The Impact of Psychological Contract Fulfillment on the Performance of in Role and Organizational Citizenship Behaviors [J]. Journal of Management, 2003, 29 (2) .

[154] Turnley W H, Feldman D C. The Impact of Psychological Contract Violations on Exit, Voice, Loyalty, and Neglect [J]. Human Relations, 1999 (52) .

[155] Turnley W H, Feldman D C. A Discrepancy Model of Psychological Contract Violations [J]. Human Resource Management Review, 2013, 9 (3) .

[156] Valos Michael J. A Qualitative Study of Multi - channel Marketing Performance Measurement Issue [J]. Journal of Database Marketing & Customer Strategy Management, 2008, 15 (4) .

[157] Van Zyl H J C, Mathur - Helm B. Exploring a Conceptual Model, Based on the Combined Effects of Entrepreneurial Leadership, Market Orientation and Relationship Marketing Orientation on South Africa's Small Tourism Business Performance [J]. South African Journal of Business Management, 2007, 38 (2) .

[158] Vishal Kashyap, Urea Helena Puga Ribeiro, Anthony Asare, Thomas G Brashear. Developing Sales Force Relationalism: The Role of Distributive and Procedural Justice [J]. Journal of Personal Selling & Sales Management, 2007, 27 (3).

[159] Wagner Stephan M, Lindemann Eckhard. Determinants of Value Sharing in Channel Relationships [J]. Journal of Business & Industrial Marketing, 2008, 23 (7/8).

[160] Wathne K H, Heide J B. Opportunism in Interfirm Relationships: Forms, Outcomes, and Solutions [J]. Journal of Marketing, 2000, 64 (14).

[161] Weitz B A, Jap S D. Relationship Marketing and Distribution Channels [J]. Journal of the Academy of Marketing Science, 1995, 23 (4).

[162] Williamson O E. The Economic Institutions of Capitalism: Firms, Markets, Relational Contracting [M]. London: Oxford University Press, 1985.

[163] Williamson O E. Transaction – Cost Economics: the Governance of Contractual Relations [J]. Law and Economics, 1979.

[164] Wilson David T. An Integrated Model of Buyer – Supplier Relationships [J]. Journal of the Academy of Marketing Science, 1995, 23 (4).

[165] Wong Y H, Chan Ricky Yee – Kwong. Relationship Marketing in China: Guanxi, Favouritism and Adaptation [J]. Journal of Business Ethics, 1999, 22 (2).

[166] Wren Brent M, Simpson James T. A Dyadic Model of Relationships in Organizational Buying: A Sunthesis of Research Results [J]. Journal of Business & Industrial Marketing, 1996, 11 (3/4).

[167] Wuyts S, Geyskens I. The Formation of Buyer – supplier Relationships: Detailed Contract Drafting and Close Partner Selection [J]. Journal of Marketing, 2005, 69 (4).

[168] Yi Liu, Lei Tao, Yuan Li, Adel I. EI – Ansary. The Impact of a Distributor's Trust in a Supplier and Use of Control Mechanisms on Relational Value Creation in Marketing Channels [J]. Journal of Business & Industrial Marketing 23/1 (2008).

[169] Young Louise C, Wilkinson Ian F. The Role of Trust and Co – Operation in Marketing Channels: A Preliminary Study [J]. European Journal of Marketing, 1989, 23 (2).

[170] 奥利弗·威廉姆森. 资本主义经济制度（中译本）[M]. 北京：商务印书馆，2002.

[171] 伯特·罗森布罗姆. 营销渠道管理（第6版）[M]. 北京：机械工业出版社，2004.

［172］伯特·罗森布罗姆．营销渠道——管理的视野（第7版）［M］．北京：中国人民大学出版社，2006.

［173］蔡荣．龙头企业与农户合作的契约选择及决策权配置研究［J］．软科学，2013（2）．

［174］蔡文著，杨慧．龙头企业与农户渠道关系治理机制创新研究——以心理契约为视角［J］．江西社会科学，2014（1）．

［175］蔡文著，杨慧．农产品营销中农户感知心理契约对农户行为影响的实证研究［J］．经济管理，2013（2）．

［176］蔡文著，杨慧．农产品营销中心理契约治理机制模型与测量研究［J］．当代财经，2016（9）．

［177］蔡文著．农产品营销中农户－龙头企业心理契约结构维度的探索与验证——基于江西省农户的调研［J］．江西财经大学学报，2012（3）．

［178］蔡文著．契约型关系框架下农户关系行为治理实证研究［J］．软科学，2014（12）．

［179］蔡文著．渠道关系治理方式对农户行为影响机理研究［M］．上海：上海财经大学出版社，2011.

［180］蔡文著．我国订单农业中的价格机制问题研究［J］．价格理论与实践，2014（1）．

［181］曹威麟，朱仁发，郭江平．心理契约的概念、主体及构建机制研究［J］．经济社会体制比较，2007（2）．

［182］曹元坤．农业产业化：欠发达农业主产区经济发展的战略选择［J］．中国井冈山干部学院学报，2008（11）．

［183］陈阿兴，岳中刚．试论农产品流通与农民组织化问题［J］．农业经济问题，2003（2）．

［184］陈灿，万俊毅，吕立才．农业龙头企业与农户间交易的治理——基于关系契约理论的分析［J］．华中农业大学学报（社会科学版），2007（4）．

［185］陈灿．当前国外关系契约研究浅析［J］．外国经济与管理，2004（12）.

［186］陈加洲，凌文辁，方俐洛．企业员工心理契约的结构维度［J］．心理学报，2003，35（3）．

［187］陈加洲，凌文辁，方俐洛．组织中的心理契约［J］．管理科学学报，2001，4（2）．

［188］陈启杰，江若尘，曹光明．“市场—政策”双重导向对农业企业绩效的影响机制研究——以泛长三角地区农业龙头企业为例［J］．南开管理评论，

2010（5）.

［189］陈锡文，杜鹰，唐仁建，宋洪运．论新阶段农业和农村经济的战略性结构调整［J］．管理世界，2000（1）.

［190］陈晓萍，徐淑英，樊景立．组织与管理研究的实证方法［M］．北京：北京大学出版社，2008.

［191］池泽新．中介组织主导型市场农业体制研究［M］．北京：中国农业出版社，2004.

［192］崔家颖．组织的管理沟通研究［D］．首都经贸大学博士学位论文，2006.

［193］邓宏图，米献炜．约束条件下合约选择和合约延续性条件分析［J］．管理世界，2002（12）.

［194］丁力．农业家庭经营与产业化经营［J］．郑州大学学报，1999（11）.

［195］丁荣贵，张体勤．关于知识团队心理契约的分析［J］．人类工效学，2002（3）.

［196］杜吟棠．西方农产品市场营销理论的发展［J］．农村经济与社会，1992（1）.

［197］费孝通．乡土中国［M］．上海：三联书店，1985.

［198］弗兰克·戈布尔．第三思潮：马斯洛心理学［M］．上海：上海译文出版社，1986.

［199］高维和，陈信康，江晓东．声誉、心理契约与企业间关系：基于在华外资企业采购视角的研究［J］．管理世界，2009（8）.

［200］高维和，黄沛，王震国．渠道冲突管理的“生命周期观”——机会主义及其治理机制［J］．南开管理评论，2006（3）.

［201］郭国庆，李祺．客户组合：关系营销新视角［J］．企业管理，2007（3）.

［202］郭国庆．市场营销学通论［M］．北京：中国人民大学出版社，1999.

［203］郭红东，蒋文华．影响农户参与专业合作经济组织行为的因素分析［J］．中国农村经济，2004（5）.

［204］郭红东．龙头企业与农户订单安排与履约：理论和来自浙江企业的实证分析［J］．农业经济问题，2006（2）.

［205］郭红东．农业龙头企业与农户订单安排及履约机制研究——基于企业与农户行为的分析［D］．浙江大学博士学位论文，2005.

［206］郭江平．城乡一体化：解决“三农”问题的根本出路［J］．理论探索，2004（1）.

［207］郭锦墉，尹琴，廖小官．农产品营销中影响农户合作伙伴选择的因素分析［J］. 农业经济问题，2007（1）．

［208］郭锦墉．农产品营销中农户合作行为实证研究——基于江西省农户的调研［D］. 华中农业大学博士学位论文，2007.

［209］郭锦墉，蔡根女．加拿大农产品营销协会及其对我国的启示［J］. 农村经济，2006（3）．

［210］郭毅，詹志俊，侯丽敏，周莲峰，肖丽．渠道治理与研究深化——渠道管理研究及其创新途径［J］. 管理学报，2005（2）．

［211］国务院研究室农村司课题组．关于订单农业发展的形式、作用及建议［J］. 农业经济问题，2001（3）．

［212］韩明谟．农村社会学［M］. 北京：北京大学出版社，2001.

［213］韩巍，席酉民．关系：中国商业活动的基本模式探讨［J］. 西北大学学报（哲学社会科学版），2001（1）．

［214］韩巍，张含宇．关系营销范式之争：老话题的新诠释［J］. 西北大学学报（哲学社会科学版），2009（5）．

［215］何坪华，杨名远．农户经营市场交易成本构成与现状的实证分析［J］. 中国农村经济，1999（6）．

［216］胡宝玲．我国营销渠道中制造商权力运用研究［D］. 山东大学博士学位论文，2007.

［217］胡保玲．营销渠道成员间相互依赖关系的行为影响［J］. 华中科技大学学报（社会科学版），2008（5）．

［218］胡美琴．在华跨国公司生态环境管理影响因素研究［D］. 复旦大学博士学位论文，2007.

［219］胡宇辰，蔡文著，杨建锋．组织行为学［M］. 上海：复旦大学出版社，2012.

［220］华静，王玉斌．我国农业产业化发展状况实证研究［J］. 经济问题探索，2015（4）．

［221］黄珺，顾海英，朱国玮．中国农户合作行为的博弈分析和现实阐释［J］. 中国软科学，2005（12）．

［222］黄连贵，张照新，张涛．我国农业产业化发展现状、成效及未来发展思路［J］. 经济研究参考，2008（31）．

［223］黄祖辉，王祖锁．从不完全合约看农业产业化经营组织的方式［J］. 农业经济问题，2002（3）．

［224］季晓芬．团队沟通对团队知识共享的作用机制研究［D］. 浙江大学

博士学位论文，2008.

［225］蒋黎．我国农业产业化龙头企业发展现状与对策建议［J］．农业经济与管理，2013（6）．

［226］蒋舟文，杨澜．荷兰花卉拍卖市场的运营机制及其启示［J］．世界农业，2009（7）．

［227］瞿珊珊，蔡根女．解析龙头企业与农户合作关系的绩效差异［J］．生态经济，2009（1）．

［228］瞿珊珊．龙头企业与农户合作关系：治理、绩效与影响因素［D］．华中农业大学博士学位论文，2009.

［229］乐国安，王晓霞，汪新建．当前中国人际关系研究［M］．天津：南开大学出版社，2002.

［230］李昌平，张弘．用自己的话语解释“三农”问题［J］．社会科学论坛，2013（5）．

［231］李崇光，胡华平．论生鲜农产品垂直渠道关系整合［J］．中国流通经济，2009（6）．

［232］李春成，李崇光．农产品零售终端绩效评价与比较［J］．农业经济问题，2007（1）．

［233］李春苗．人际关系协调与冲突解决［M］．广州：广东经济出版社，2001.

［234］李怀祖．管理研究方法论（第2版）［M］．西安：西安交通大学出版社，2004.

［235］李双燕，万迪昉，史亚蓉．基于正式契约和关系契约的BPO治理机制研究［J］．经济管理，2008（9）．

［236］李银兰，沈翠珍．政府与地方特色农产品产地品牌塑造［J］．武汉工业学院学报，2008（3）．

［237］李颖灏．国外关系营销导向研究前沿探析［J］．外国经济与管理，2008（12）．

［238］李瑜．农户经营组织化研究［D］．西北农林科技大学博士学位论文，2007.

［239］李原．心理契约违背的理论模型及其应用［J］．经济与管理研究，2006（8）．

［240］李原．员工心理契约的结构及相关因素研究［D］．首都师范大学博士学位论文，2002.

［241］李岳云，蓝海涛，方晓军．不同经营规模农户经营行为的研究［J］．

中国农村观察，1999（4）.

［242］李泽华．我国农产品批发市场的现状与发展趋势［J］．中国农村经济，2002（6）.

［243］李志鹏．组织支持、心理契约、组织承诺和工作满意度关系研究［D］．浙江大学学位论文，2006.

［244］梁涛．曲折的探索——建国后中国农村经营体制的历史变革［J］．党史纵横，1992（5）.

［245］林毅夫．小农与经济理性［J］．农村经济与社会，1988（3）.

［246］凌文辁，张治灿，方俐洛．中国职工组织承诺的结构模型研究［J］．管理科学学报，2000（2）.

［247］凌文辁，张治灿，方俐洛．中国职工组织承诺研究［J］．中国社会科学，2001（2）.

［248］刘成玉．对特色农业、产业化经营与农业竞争力的理论分析［J］．农业技术经济，2003（4）.

［249］刘纯彬，夏军彩．现状与前景：582 家农业产业化国家重点龙头企业分析［J］．税务研究，2005（12）.

［250］刘凤芹．不完全合约与履约障碍——以订单农业为例［J］．经济研究，2003（4）.

［251］刘军．管理研究方法原理与应用［M］．北京：中国人民大学出版社，2008.

［252］刘人怀，姚作为．关系质量研究述评［J］．外国经济与管理，2005，27（1）.

［253］刘小禹，刘军，于广涛．初始信念、组织诱引对员工心理契约变化的影响［J］．心理学报，2008，40（1）.

［254］刘益，曹英．关系稳定性与零售商感知的机会主义行为——直接影响与供应商承诺的间接影响［J］．管理学报，2006（1）.

［255］刘佑铭，汪克夷，吴君．营销渠道中知识共享对渠道关系的影响研究［J］．财经问题研究，2009（1）.

［256］刘佑铭．营销渠道中知识共享对成员关系影响作用研究［D］．大连理工大学博士学位论文，2008.

［257］刘忠东．营销渠道管理创新机理研究［D］．武汉理工大学博士学位论文，2007.

［258］卢福财，胡平波．基于竞争与合作关系的网络组织成员间知识溢出效应分析［J］．中国工业经济，2007（9）.

[259] 卢昆．农户特征对其订单参与决策影响的实证分析［J］．社会科学家，2009（11）．

[260] 卢泰宏，贺和平．渠道理论中的“相互依赖”新模式——一个跨学科的研究框架［J］．财贸经济，2004（12）．

[261] 陆学艺．三农问题的由来和发展前景［EB/OL］，浙江在线，http：//view. news. qq. com/a/20070830/000032. htm.

[262] 罗海成，范秀成．基于心理契约的关系营销机制：服务业实证研究［J］．南开管理评论，2005，8（6）．

[263] 罗海成．基于信任的关系营销：心理契约视角［J］．经济管理，2003（8）．

[264] 罗峦．农产品供应链的组织演进与关系治理研究［D］．华中农业大学博士学位论文，2013.

[265] 罗珉．管理理论的新发展［M］．成都：西南财经大学出版社，2002.

[266] 罗纳德·哈里·科斯．企业、市场与法律［M］．盛洪，陈郁等译．上海：上海三联书店，1990.

[267] 罗胜强，姜嬿．管理学问卷调查研究方法［M］．重庆：重庆大学出版社，2014.

[268] 马鸿运．中国农户经济行为研究［M］．上海：上海人民出版社，1993.

[269] 马庆国．管理统计：数据获取、统计原理 SPSS 工具与应用研究［M］．北京：科学出版社，2002.

[270] 马斯洛．人性能达的境界［M］．昆明：云南人民出版社，1987.

[271] 麦克尼尔．新社会契约论（中译本）［M］．北京：中国政法大学出版社，2004.

[272] 牛若峰．农业产业化一体化经营的理论与实践［M］．北京：中国农业科技出版社，1998.

[273] 牛若峰．再论市场经济与农民自由联合［J］．农村合作经济经营管理，1999（1）．

[274] 牛若峰．农业产业化经营发展的观察与评论［J］．农业经济问题，2006（3）．

[275] 秦富．培育壮大农业龙头企业［J］．中国国情国力，2013（3）．

[276] 曲洪敏，韩文静，郭传义．营销渠道成员依赖性测量及实证研究综述［J］．开发研究，2007（3）．

[277] 申学武．心理契约违背及其干预研究［D］．武汉大学博士学位论

文，2005.

［278］史清华．农户经济增长与发展研究［M］．北京：中国农业出版社，1999.

［279］宋圭武．农户行为研究若干问题述评［J］．农业技术经济，2002（4）．

［280］宋洪远．经济体制与农户行为——一个理论分析框架及其对中国农户问题的应用研究［J］．经济研究，1994（8）．

［281］孙剑，李崇光．论农产品营销渠道的历史变迁及发展趋势［J］．北京工商大学学报，2003（3）．

［282］孙晓霞．东北地区农业产业化组织模式研究［D］．吉林大学博士学位论文，2008.

［283］万俊毅，彭斯曼，陈灿．农业龙头企业与农户的关系治理：交易成本视角［J］．农村经济，2009（4）．

［284］王爱群，夏英，王艺霖．吉林省农业产业化龙头企业竞争力分析［J］．农业经济问题，2009（12）．

［285］王朝辉．营销渠道理论前沿与渠道管理新发展［J］．中央财经大学学报，2003（8）．

［286］王黎萤，陈劲．知识型员工心理契约结构和激励机制［J］．经济管理，2008（1）．

［287］王亮．特色农产品营销的文献综述及启示［J］．哈尔滨商业大学学报（社会科学版），2011（3）．

［288］王肃．订单农业运行机制的法律分析［D］．华中农业大学博士学位论文，2006.

［289］王晓娟．农地流转过程中的农户“心理契约”分析［D］．贵州大学硕士学位论文，2008.

［290］王学林．中国农业龙头企业运行机制研究——基于契约的视角［D］．四川大学博士学位论文，2006.

［291］王亚静．中国契约农业交易行为的理论分析与实证研究［D］．华中农业大学博士学位论文，2007.

［292］王颖，王方华．营销渠道理论研究的范式演变与最新进展［J］．市场营销导刊，2006（6）．

［293］王颖．渠道关系治理研究——基于关系契约与信任的整合分析［D］．上海交通大学博士学位论文，2006.

［294］魏峰，李燚，卢长宝，毛雁冰．心理契约破裂、管理欺凌与反生产行

为关系研究［J］. 管理科学学报，2015（3）.

［295］魏峰，李焱，张文贤．国内外心理契约研究的新进展［J］. 管理学报，2005（10）.

［296］魏峰．组织——管理者心理契约违背研究［D］. 复旦大学博士学位论文，2004.

［297］吴明隆．结构方程模型——AMOS 的操作与应用［M］. 重庆：重庆大学出版社，2009.

［298］吴照云，朱丽萌．粮食主产区农民增收国家支持体系构想［J］. 农业经济问题，2007（7）.

［299］吴照云．管理学［M］. 北京：中国社会科学出版社，2006.

［300］夏春玉，张闯，董春艳，梁守砚．“订单农业”中交易关系的建立、发展与维护——以经纪人主导的蔬菜流通渠道为例［J］. 财贸研究，2009（4）.

［301］夏春玉．营销渠道的冲突与管理［J］. 当代经济科学，2004（11）.

［302］谢发胜．经理人心理契约结构维度实证研究［D］. 湖南大学硕士学位论文，2006.

［303］徐健，汪旭晖．订单农业及其组织模式对农户收入影响的实证分析［J］. 中国农村经济，2009（4）.

［304］许庆武．地方特色大米产业创新发展研究［D］. 武汉理工大学博士学位论文，2011.

［305］严琳霞，韦明．我国农产品竞争力的研究综述［J］. 农村经济与科技，2005（5）.

［306］阳林．服务企业与顾客心理契约结构研究——一项基于银行业的实证研究［J］. 南开管理评论，2010（1）.

［307］杨国枢．中国人的社会取向：社会互动的观点［M］. 台北：桂冠图书股份有限公司，1992.

［308］杨慧，蔡文著．订单农业中龙头企业与农户合作关系研究的新进展［J］. 河北学刊，2013（2）.

［309］杨慧，蔡文著．发展和完善我省“龙头企业 + 农户”组织模式的对策［J］. 江西经济分析，2009（12）.

［310］杨慧．流通渠道的变革研究［M］. 北京：中国财政经济出版社，2004.

［311］杨慧．论流通渠道战略联盟实施的几个难点［J］. 新华文摘，2004（4）.

［312］杨慧．试论中国流通渠道的变革趋势［J］. 当代财经，2006（11）.

[313] 杨慧 . 新世纪营销渠道行为理论的变革 [J]. 江西社会科学, 2003 (10).

[314] 杨杰, 凌文辁, 方俐洛 . 心理契约破裂与违背刍议 [J]. 暨南学报(哲学社会科学版), 2003, 3 (2) .

[315] 杨万娣 . 加强农业龙头企业建设提升产业化经营水平 [J]. 现代农业, 2012 (11) .

[316] 杨荫, 蒋寒迪 . "公司 + 农户" 经济组织模式的违约行为与对策研究 [J]. 科技进步与对策, 2008 (9) .

[317] 杨政 . 营销渠道成员行为的整合模型 [J]. 南开管理评论, 2000 (4) .

[318] 姚辉 . 中国员工职业生涯阶段的心理契约研究 [M]. 北京: 中国市场出版社, 2010.

[319] 余幸 . 基于心理契约的 "农户 + 龙头企业" 营销关系治理 [D]. 华东理工大学博士学位论文, 2013.

[320] 袁瑞明 . 农业龙头企业对乡村社会经济发展的影响研究 [D]. 长江大学硕士学位论文, 2013.

[321] 袁正, 于广文 . 关系契约与治理机制转轨 [J]. 当代财经, 2012 (3).

[322] 翟虎渠 . 农业概论 [M]. 北京: 高等教育出版社, 1999.

[323] 翟森竞, 黄沛, 高维和 . 渠道关系中的感知不公平研究——基于心理契约及不公平容忍区域的视角 [J]. 南开管理评论, 2008 (6) .

[324] 张闯, 夏春玉 . 渠道权力: 依赖与策略 [J]. 经济管理, 2005 (1) .

[325] 张闯, 夏春玉 . 农产品流通渠道: 权力结构与组织体系的构建 [J]. 农业经济问题, 2005 (7) .

[326] 张闯, 张双俐 . 契约治理机制与渠道投机行为: 关系营销导向的作用 [J]. 商业经济与管理, 2014 (2) .

[327] 张闯 . 渠道依赖、权力结构与策略: 社会网络视角的研究 [J]. 东北财经大学博士学位论文, 2007 (6) .

[328] 张闯 . 营销渠道控制: 理论、模型与研究命题 [J]. 商业经济与管理, 2006 (3) .

[329] 张闯 . 渠道权力结构的过度倾斜与权力失效——基于农产品营销渠道的研究 [J]. 财经论丛, 2006 (9) .

[330] 张光会 . 论农业产业化经营的重要性 [J]. 农技服务, 2007 (10) .

[331] 张广玲 . 关系结合方式及关系品质对顾客自发行为的影响 [J]. 经济

管理，2005（6）.

［332］张红宇．农业结构调整与国民经济发展［J］. 管理世界，2000（5）.

［333］张剑渝．渠道关系论［D］. 西南财经大学博士学位论文，2003.

［334］张陆伟，陈雷，管杰．关于农业产业化国家重点龙头企业现状的分析及建议［J］. 中国社会科学院研究生院学报，2009（9）.

［335］张士云．农业产业化经营呼唤农产品营销创新［J］. 农业经济问题，2000（8）.

［336］赵邦宏．中国农业产业化经营发展的阶段性分析［J］. 经济问题，2001（11）.

［337］赵晓飞，李崇光．“农户—龙头企业”的农产品渠道关系稳定性［J］. 财贸经济，2008（2）.

［338］郑子林．知识型员工心理契约违背的影响及预防措施探析［J］. 管理世界，2014（4）.

［339］中共中央党校中共党史教研室．四十年的回顾与思考［M］. 北京：中央党校出版社，1991.

［340］中共中央马克思恩格斯列宁斯大林著作编译局．马克思恩格斯选集（第3卷）［M］. 北京：人民出版社，2012.

［341］周立群，曹利群．农村经济组织形态的演变与创新——山东省莱阳市农业产业化调查报告［J］. 经济研究，2001（1）.

［342］周立群，曹利群．商品契约优于要素契约——以农业产业化经营中的契约选择为例［J］. 经济研究，2002（1）.

［343］周明建．组织、主管支持，员工情感承诺与工作产出［D］. 浙江大学博士学位论文，2005（4）.

［344］朱铁辉．中国农业产业化的“四阶段”论［D］. 中国农业科学院博士学位论文，2006.

［345］朱晓妹，王重鸣．中国背景下知识型员工的心理契约结构研究［J］. 科学学研究，2005（2）.

［346］庄贵军，李珂，崔晓明．关系营销导向与跨组织人际关系对企业关系型渠道治理的影响［J］. 管理世界，2008（7）.

［347］庄贵军，席酉民．中国营销渠道中私人关系对渠道权力使用的影响［J］. 管理科学学报，2004，7（6）.

［348］庄贵军，徐文，周筱莲．关系营销导向对于企业营销渠道控制行为的影响［J］. 管理工程学报，2008（3）.

［349］庄贵军，周南，周筱莲，苏晨汀，杨志林．跨文化营销渠道中文化差

异对企业间信任与承诺意愿的影响［J］. 管理评论，2009（1）.

［350］庄贵军，周筱莲. 权力、冲突与合作：中国工商企业之间渠道行为的实证研究［J］. 管理世界，2002（3）.

［351］庄贵军. 权力、冲突与合作：西方的渠道行为理论［J］. 北京商学院学报，2000（1）.

［352］庄贵军. 营销渠道控制：理论与模型［J］. 管理学报，2004（7）.

［353］庄贵军. 中国企业的营销渠道行为研究［M］. 北京：北京大学出版社，2007.

［354］庄贵军等. 营销渠道管理［M］. 北京：北京大学出版社，2004.

［355］Kotler P. 营销管理（第10版）［M］. 北京：清华大学出版社，2000.

后　记

我国是一个农村人口占绝大多数的农业大国，农业、农村和农民问题是全国工作的重中之重。2016 年 1 月 27 日，2016 年中央“1 号文件”《中共中央国务院关于落实发展新理念加快农业现代化实现全面小康目标的若干意见》正式发布，再次锁定与聚焦“三农”问题，这也是自 2004 年以来中共中央连续 13 年以“三农”问题为主题发布中央“1 号文件”了。回想 2004 年，针对当时全国农民人均纯收入连续增长缓慢的艰难困境，时隔 18 年（1986 年中央“1 号文件”首次提出“三农”问题），中共中央再次将 2004 年中央“1 号文件”锁定为“三农”问题，发布了《关于促进农民增加收入若干政策的意见》，文件强调要通过调整农业结构，扩大农民就业，加快科技进步，深化农村改革，增加农业投入，强化对农业支持保护等措施，千方百计促进农民增收，尤其是要集中力量重点支持粮食主产区农民增收。也正是在这一年，我有幸参加了导师吴照云教授的国家社科基金项目《粮食主产区农民增收及其国家支持体系研究》的研究工作，在导师的指引与指导下，我第一次开始关注与探索我国农业、农村和农民问题，由此，我的学术研究工作也开始与“三农”问题初次结缘。到 2007 年 9 月我开始攻读管理理论与企业管理专业博士学位，当时，我的博士导师杨慧教授以她敏锐的学术眼光又将我引入农产品营销渠道这一学术研究的殿堂，让我开始比较系统与深入地学习了农产品营销渠道理论，经过三年的努力，2010 年我完成了以农业龙头企业与农户间渠道关系治理问题为研究主题的博士学位论文，自此开始与“三农”问题深度结缘，之后陆陆续续发表的论文也都聚焦于“三农”问题。2011 年，我非常荣幸地获得了国家自然科学基金资助项目“农产品营销中心理契约治理机制对渠道绩效影响机理研究——基于江西省龙头企业与农户合作的追踪调研”，这给我提供了很好的研究条件，也让我能够静下心来对农业龙头企业与农户渠道关系问题进行深入的研究。

本书能够得以完成与出版，首先，感谢我的导师江西财经大学吴照云教授、杨慧教授，是他们以其敏锐的学术眼光引领我进入这一研究领域。其次，感谢我的博士后合作导师江西省科技厅副厅长卢福财教授，本书完成后的初稿得到了他精心指导与帮助，这才使得本书在结构框架、研究内容以及文字表述等方面得到了进一步的改进与完善。再次，感谢在本书写作中所引用著述的作者们，没有他们前期的研究基础，本书不可能得以完成。最后，感谢国家自然科学基金委对本课题研究以及本书出版的资助。

蔡文著

2016 年 2 月 1 日于南昌